JN025900

コロナ禍と中小企業研究

—学際領域としての中小企業研究の再考—

（日本中小企業学会論集42）

同　友　館

は し が き
―日本中小企業学会論集第42号の刊行にあたって―

　日本中小企業学会第42回全国大会は，2022年9月24日・25日の2日間，東洋大学白山キャンパスで行われた。この2年間はコロナ禍でオンラインでの開催であったが，この大会では入場制限をしながらも，対面での報告を交えたハイブリッド形式で行われた。

　今年の統一論題のテーマは，「コロナ禍と中小企業研究―学際領域としての中小企業研究の再考―」で，まさに時宜を得たテーマであった。

　統一論題・その1は，池田潔（大阪商業大学）を座長とし，第1報告は，寺岡寛会員（中京大学）が「学際領域としての中小企業研究の再考－地域研究の限りにおいて」が報告され，討論者は浜田敦也会員（中京大学）であった。また第2報告は安田武彦会員（東洋大学）による「日本人が仕事に求めるもの，高度成長期末からの変化と起業家活動に関する「非経済学的」考察」が報告，討論者は鈴木正明会員（日本大学（現在は武蔵大学））であった。統一論題・その2は，堀潔会員（桜美林大学）を座長とし，第1報告は江島由裕会員（大阪経済大学）による「ADHD起業家研究から見えてきた新たな起業家像－高い不確実性への適合」が報告され，討論者は弘中史子会員（中京大学）であった。また，第2報告は山下紗矢佳会員（武庫川女子大学）による「コロナ禍と中小企業の採用：『KOBE採用イノベーションスクール』の実施からみる成果と課題」で，討論者は山本聡会員（東洋大学）であった。また，それぞれの報告のあと，座長，報告者，討論者によるパネルディスカッションが行われた。

　全国大会の初日には，信金中央金庫　地域・中小企業研究所協賛による国際交流セッションが，大野英明所長の開会挨拶のあと開催された。今回招聘されたのは，SUNY KoreaのChihmao Hsieh准教授で，当日の報告タイトルは，"How important is it to combine cognition and emotion in entrepreneurship research?"（アントレプレナーシップ研究における認知と感情の組み合わせの重要性）で，山本聡会員が司会・通訳を行った。なお，報告内容に関しては，「信金中金月報」の2023年3月号に抄録として掲載されている。

　今回の全国大会では，統一論題4本，自由論題14本の報告があり，本論集では，統一論題4本に加え，自由論題の査読を受理された9本の論文と報告要旨5本を

掲載している。

第42回全国大会では，プログラム委員長の堀潔会員，大会準備委員長の山本聡会員，事務局長の山下紗矢佳会員に大変お世話になった。また，開催校である東洋大学には未だコロナが収束しない中での対面での学会開催をお許しいただき，準備も含めて大変お世話になったほか，矢口悦子学長に歓迎のご挨拶までいただいた。深く感謝申し上げる。

また，学会当日の座長や討論者，報告論文の査読者，さらには本書の編集作業の労をとっていただいた論集編集委員長の藤川健会員（兵庫県立大学），編集担当幹事の長谷川英伸会員（玉川大学），編集事務担当幹事の平野哲也会員（山口大学），若手奨励賞選定では選定委員長の文能照之会員（近畿大学）ほか，選定委員の会員に大変お世話になった。この場を借りてお礼を申し上げる。

あわせて，本学会の国際交流セッションに毎年協賛していただいている信金中央金庫　地域・中小企業研究所の大野英明所長にも改めて感謝の意を表したい。最後になったが，本書の出版に際して，創刊以来お世話になっている㈱同友館と，出版部の佐藤文彦氏にも大変お世話になった。この場を借りて感謝の意を表したい。

2023年5月

日本中小企業学会会長　池田　潔

（大阪商業大学）

目　次

【報告要旨】

Japan Academy of Small Business Studies: 2022 Conference Proceedings

CONTENTS

Keynote Session of the 42nd JASBS Annual Conference
COVID-19 Pandemic and Small Business Research: Rethinking Small Business Research as an Interdisciplinary Field

Articles

Summary of Presentations

統　一　論　題

学際領域としての中小企業研究の再考

—地域研究の経験の限りにおいて—

中京大学　寺岡　寛

問題の所在と整理

　今回の「コロナ禍と中小企業研究」については，すでに多くの調査研究が行われ，数多くの論考が発表されてきた。コロナ禍は多方面に影響を及ぼす意味で，一つの専門領域をこえて連携的な共同研究が可能である。かつての中小企業研究を振り返れば，その時期の重要問題との「掛け合わせ」で多様な研究テーマが設定されてきた。たとえば，「円高と中小企業」から「バブル崩壊と中小企業」等々と現在にいたるまで，その事例には事欠かない。今後は対象テーマとして「ウクライナ情勢」も浮上するだろう。

　この種の研究テーマの設定が学際領域としての「中小企業研究」を「誘発」したのかと問えば，疑問がある。結果的には，その対象問題を中小企業に引き寄せて，その存立状況などが蛸壺的に探られてきた。つまり，対象問題と中小企業研究との双方向性がさほど成立せず，もっぱら中小企業についてのみ取りあげられたに過ぎない。そのような印象がすくなくともわたしにはある。

　この構図を整理すると，つぎの二つの方向性がある。①「中小企業研究→対象問題研究」という方向性。②「対象問題研究→中小企業研究」という方向性。従来の中小企業研究においては，主軸はあくまでも②であり，管見では①はさほど多くはなかった。統一論題テーマの「学際領域」の構築という観点からいえば，①と併せて②の方向性をもつ広範な研究者を中小企業研究に取り組むことが必要不可欠である。実際，その取り組みには困難があった。なぜなら，この方向性において，中小企業研究と対象問題の間の中間領域テーマの設定が重要である。にもかかわらず，そうした橋渡しができるテーマの設定や，これを主導する研究者

が少なかった。

　本報告では多くの論考がなされてきた「コロナ禍」よりも，むしろ副題の「学際領域における中小企業研究」を考察したい。標記のテーマは，古くて新しいテーマでもある。この課題はその時宜に応じ，何度も繰り返されてきた。理由は簡単である。成功ケースに比較して，うまくいかなかった事例が多いからである。多岐にわたる学問領域において，学際研究が当然のものとして定着していれば，学際研究論の本質は方法論に収束する。それは「なぜ」ではなく，「いかに」の問題である。

　他方で，取り組むべき課題が「なぜ」から「いかに」へと進展してきた学問領域や学会の場合，その成果に関して反省的に方法論などが論じられてきた。管見では，この典型は医学理工系などの分野が目立つ。その理由はおおよそ予想がつく。そうした研究分野では，対象領域がそもそも複数の研究領域にまたがっている。単独領域だけで研究が完結するものではない。関係者間にもそうした確固たる共通認識がある。実際のところ，他分野でも新たな分析手法などが開発されると，その応用が試行されてきた経緯もある。

　この種の学際研究成立の前提には，まずは学際研究に相応しい「共通テーマ」の「妥当性」」と「説得性」がある。たとえば，わたしたちの社会が抱える深刻化する問題からいえば，（少子）高齢化社会—実際には超高齢化社会—の問題と課題は，共通テーマの筆頭に位置する。社会科学系の「社会保障論」，「財政論（地方財政を含む）」から，医学薬学の治療系を中心とした「老人医療学」，「看護学」，「薬学」から予防系の医学薬分野まで広範囲に，実に多くの関連領域で学際研究—調査も含め—が実施されてきた。また，いまも行われている。認知科学の分野でも，高齢化社会の到来によって，認知症への取り組みが重視されるにしたがって，認知科学者の共同研究の範囲は関連領域へと着実に広がってきた。とはいえ，日本認知科学会の場合，設立当初から，「『知』の総合科学」を掲げている。つまり，当初から設立目的に多様な専門分野の会員が活動できる場が明記されている。

　実際，同学会は「心理学」から出発した研究者が多いものの，「社会学」，「脳神経学（脳科学）」，「言語学」，「哲学」，最近では「人工知能学」等の研究者も参加している。これは心理学のもつ医学理工系分野との潜在的な親和性に起因する。とはいえ，学際研究の成功の是非は個別学問の他分野との潜在的親和性だけに還元できない。管見でも，学際研究であるゆえに，フォーカスすべき事象が多

様化・多元化するだけで一定の具体的成果を得ることが困難なことも側聞する。その根本には，研究者諸個人の他分野の成果などを自身の分野へと積極的に取り込もうという意欲の軽重がカギを握っている。

　以下では，中小企業研究こそ，本来的に学際研究テーマの潜在的可能性が大きい分野であることを自覚しつつ，研究者個人としての取り組みではなく，日本中小企業学会も学際研究をすすめるという前提の下に，会員の学際研究の相互協力を促進するための方向性を考察し，それを一層進展させるためにどのような問題や課題があるのか。学際研究論あるいは学際研究方法論そのものではなく，実践論としての中小企業研究を中心とする学際研究の課題を明らかにしたい。

　「学際」研究は，英語ではinter-disciplinaryを意識した言葉に対応して，わが国では使われてきた経緯がある。これに関連して，「異分野連携」研究は，multi-disciplinaryを意識した言葉に対応する。また，「超学際」研究は，trans-disciplinaryに対応する。このinter, multi, transの違いをつぎのように整理しておく[注1]。

(1) 学際研究（inter-disciplinary）─それぞれの研究者が共同研究─あるいは個人としても─を通して専門領域の境目を意識せずに，あらたな研究領域や研究方法を形成する行為である。

(2) 異分野連携研究（multi-disciplinary）─それぞれの研究者が共同研究で自身の専門領域を保ちつつ，共同研究の成果を生もうとする研究活動である。

(3) 超学際研究（trans-disciplinary）─研究者以外にさまざまな背景をもつ専門家たちも共同研究に参加して，共同研究をすすめる方法である。「融合研究」あるいは「横断研究」などの言葉が当てられる。

　実際，三つの領域の研究を明確に区分することはむずかしい。(1) のやり方でも (2) や (3) と重なるケースもある。本論では (1) を中心とする学際研究としつつも，(2) や (3) とも重複することを前提としておく。

　学際研究の成果の論考は当然ながら多くの論者によって取り上げられてきた。学際研究の方法論や参加者の意識などの論考はさほど多くはない。天野麻穂・片岡良美・川本思心の学際研究の異分野研究者のコミュニケーションを対象とした調査研究は，多くのことを示唆している[注2]。天野等は学際研究─もっぱら自然科学系─について，「学術的な専門性を中心とした観点からしか論じていないため，実際の研究プロジェクトでは，研究者らは日々の共同作業を行う中で，専門性を超えてどのような共同体を形成し，何を考えながらプロジェクトが遂行され

ているのか未解明な点が多い」[注3]と指摘する。天野等の北大関係者へのインタ
ビュー調査の結論は，共通目的の明確化，参加メンバーのコミュニケーションの
良さ，研究指導者のリーダーシップなど人間臭い要因が成功要因の大きな位置を
占めることを示唆している。

　このような学際研究方法論に関する研究は自然科学系領域を中心にしたものが
多く，残念ながら，社会科学系についての事例研究は多くはない。背景には，自
然科学系で「学問間異文化摩擦」や「知識算出の規準や業績の承認形式が研究分
野ごとに異なっていることによる相互の意思疎通の困難性」への意識が社会科学
系と比べて大きいと考えられている[注4]。しかしながら，近年では，(3)の超学
際研究（trans-disciplinary）の領域が社会科学においても拡大する傾向にある。
たとえば，中小企業承継，とりわけ，ファミリー・ビジネスの承継問題が深刻化
するなかで，金融機関と大学との共同研究が進展している。これは金融機関に
とっても，事業承継がスムースに行われずに，廃業が増えることによって，取
引先の減少が大きな問題となる。金融機関の取引先の確保という経営課題の解決
にとって，今後，金融機関と中小企業研究者との連携的な学際研究が増える可能
性も大きい。

　双方のメリットは，金融機関にとって取引先の自営業—ほとんどがファミ
リー・ビジネス—に関する蓄積データの提供—個々のデータではなく，総体的な
データ—，研究者側にとって理論や過去の分析データの提供による協働関係が成
立することである。中小企業研究に絞って学際研究の可能性を探る本論では，自
然科学系の学際研究の知見を意識しつつ，中小企業研究と社会科学系関連領域と
の関連性を考察する。

領域研究の目的論

　学際研究の成立は，そもそも「共通の目的性」が明確に明示されているかによ
る。自然科学系の場合，それが具体的な成果物としての理論であったり，医学薬
学系では医薬品，工学系では製品である。あるいは，共著論文の完成である。他
方，社会科学系では，共著論文は共通するが，自然科学系の共同開発結果に代わ
るものは「政策提言」や「社会的提言」である。しかしながら，学際研究につな
がりやすい「共同研究」の成果もまた同様の課題を抱える。この種の共同研究も
「政策提言」が目的に掲げられるが，実際には共同執筆の論文や論集，あるいは

共編著の発行・出版が目的であることのほうがはるかに多い。

　後者のケースでは，参加者の知識が体化されるべき諸論文の関係は「並列（並行）的」なものであり，知識が統合されたとはいえないものが多い。比ゆ的な構図でいえば，「サラダボール」型と「メルティングポット」型にたとえることができる。いろいろな素材が独立的に盛られて，食べ手（読者等）のドレッシング（目的）でいろいろな味になるサラダに対して，いろいろな素材が溶け合ってスープのようなかたちが後者となる。学際研究のあるべき姿は，さまざまな学問的背景をもつ研究者の異なるアプローチによって，明らかにすべき，より実践的に解決すべき問題や課題への知識統合である。この問題認識を意識しつつ，中小企業研究に引き寄せて中小企業研究者にとっての学際研究のあり方をさぐっていきたい。

　個別研究者における研究の深まりには二つの方向がある。（1）垂直（縦）方向への広がりと深まり。（2）水平（横）方向への広がりと深まり。最初の点は，一つの共通テーマ性の下に，自分の専門領域と親和性の高い専門領域へと関心を拡大させるやり方である。たとえば，経済学と経営学，経済学と経済社会学といったケースである。あるいは，彼我の比較では他国の事例研究もこの範疇に入れてよい。（2）は全く異なる専門領域との関連，たとえば，心理学，医学など自然科学分野との共同研究領域の設定などのケースである。

　昨今では，データサイエンスの発展によって，こうした領域との共同研究への期待も高まっている。とはいえ，ケースはさほど多くはないだろう。この二つの方向性への関与に関しては，他分野からのアプローチと自分野のアプローチがある。管見のかぎりでは，中小企業研究においては双方とも活発であるとは必ずしも言えない。今後，自然科学の分野からの学際研究要請の高まりをどのように取り込んでいくのかが重要となる。

　政府も今後の科学技術振興，とりわけ，イノベーションの推進に関して，「自然科学と人文・社会科学の連携」政策を打ち出している。国立研究開発法人・科学技術振興機構は，『科学技術イノベーション実現に向けた自然科学と人文・社会科学の連携─21世紀の社会と科学技術の変容の中で─』（中間報告）で，気候変動，感染症，資源問題など世界的規模での課題がふえるなかで，自然科学との連携がなければ，社会的課題の解決が困難となっている反面，「科学技術だけでは対処できない複雑な社会的・歴史的要因を伴っている。そのため，人間や社会

を対象に研究をすすめてきた人文・社会科学が，科学技術（自然科学）と協働する取組みが不可欠となる。このような認識の下，例えば欧州連合による研究開発資金提供プログラムHorizon2020は，人文・社会科学の領域を"組み込んだ"形で設計された。日本の科学技術イノベーション政策の関係者の間でも，自然科学と人文・社会科学との連携に対する期待が高まりつつある」[注5]と問題を提起する。

　社会的課題がますます複雑化するにつれ，単独の学問領域でとらえ，解決策を探ることが困難になっている。しかしながら，同一学問領域内においても協働関係の構築がなかなか困難である現状の下で，その学問領域を超える協働関係がすぐにうまくいく可能性は必ずしも高くはない。わたしたちは学術研究の進展の下で，一つの分野を狭く極めることで評価され，蛸壺型の取り組みが是とされる学術文化が形成されてきた。それは「一芸を極める」ことを評価するわたしたちの文化のある種の根幹部門を形成してきた。わたしたちが一つの学問領域とされている分野も異なる学問領域の中間領域として独立・成立してきた経緯を振り返ると，学際活動への取り組みの重要性をあらためて確認できる。

　学際協力や学際協働を対象とすることが本論の本来のテーマでない以上，以下では考察対象を中小企業研究や学会活動に引き寄せて，わたしたちは自らの経験の範囲でその問題と課題をさぐる必要がある。

中小企業研究再考

　研究は対象に規定される。この意味では，中小企業研究とは，「中小企業」を対象とする研究であることは言を俟たない。「中小企業」へのアプローチは，中小企業の何を問題にして，何を研究対象とするかによって異なる。日本の中小企業研究が下請取引関係を中心に多くの研究が蓄積されてきたのは，下請取引が当事者だけではなく政策関係者に問題視されてきたからである。当事者の関心は，いうまでもなく，不平等な取引条件や，しばしば取引慣行とされた取引内容がもっぱら受注側の中小企業の経営の不安定を呼び起こし，最悪のケースでは倒産に至らしめてきたからである。市場取引の下の需給関係は市場条件によって，むろん受注側に有利なケースもあれば，発注側に不利なケースもある。しかしながら，その程度の差異についてみれば，取引主体間のある種の平均的な関係を大きく逸脱するような「不平等な」，「不公正な」取引関係がなぜ継続されるのか。平

均的というのは，必然的に，国際比較研究を引き寄せる。つまり，どこの国や地域と比較して，日本の取引関係がどのような産業分野で，どのような市場条件の下で，具体的にどのように異なるのか。

こうした取引関係の国際比較研究は，日本の中小企業研究者にとってもっとも自然なかたちで学際研究へと外延的に結びつきやすい。実態的にも中小企業研究者がみずからの取り組みの範囲で，他国事例の研究というかたちで比較研究に取り組んできた事例も多い。この方向性の構図は，「中小企業研究→他国の事例研究→（中小企業研究）」というかたちでの国際比較である。しかしながら，本来の学際研究としての国際比較研究は，地域研究としての特定国研究者との協働関係における中小企業研究でなければならない。この点について，わたしの取り組んできた米国中小企業政策研究にふれてみたい。たとえば，下請業者はsubcontractorや，下請発注はsubcontractingという英語に置き換えられる。これは米国的な文脈では，subcontractorとはprime-contractorとの対語で成立する。

Contractは「契約」であり，法的概念でもある。そこに契約主体間の優位。劣位の序列関係は存在しない。ある契約主体から別の契約主体が製品や加工の発注を受け，契約を交わすことをcontractというに過ぎない。それが自社よりはるかに小さな企業から，大きな企業が受注しcontractを交わすこともあれば，その逆もある。したがって，prime-contract（主契約）に対してsubcontract（副次契約）という言葉に置き換えるほうが正確である。他方，日本の下請取引には，企業規模の大小が暗黙知として大きな企業が小さな企業へ発注することとして理解されている。

こうした日米比較は，取引関係の考え方にのみ絞って，彼我の相違を明らかにするだけにとどまってはならない。あくまでも，米国経済社会のなかで個別事象をとらえないと，真の意味での彼我の違いに起因している社会構造はわかりづらい。中小企業政策の研究者にとって，米国で成功した政策や制度を模倣・移植したとしても，同様の政策効果を得ることの保障はない。これは中小企業政策に限らず，これに関連するイノベーション振興策，ベンチャー型企業振興策にもいえるし，また，農業政策や労働政策，福祉政策などについても，念頭に置くべき国際比較研究の重要性な点である。

この場合，国際比較ということで地域研究者との学際的協力関係が元々不可欠である。地域研究そのものが学際研究であり，たとえば，米国なら米国，中国な

ら中国，タイならタイというように，地域の総体的理解を前提にして，いろいろ
な学問領域の研究者が参加するスタイルをとることが多い。経済学者もいれば，
政治学者も社会学者も，歴史学者や技術史研究者もいる。共同研究のテーマの拡
張や進化に応じて，その専門家だけでなくいろいろな分野の専門家を招くことも
必要となる。それが短期的な取り組みではなく，中長期的に「・・・・社会とは
何か？」のようなメタ的な共通テーマも大事であるが，他方で，個別領域，たと
えば，「マイノリティー問題」や「障害者雇用」，「ジェンダー問題」などの共通テー
マの重要性もある。

　米国の中小企業政策研究にはなしをもどせば，たとえば，米国の中小企業庁
（U.S.Small Business Administration）のマイノリティー中小企業支援制度や，障
害者雇用中小企業への支援策の導入を促した当時の課題や，さらに背景にある社
会的背景や歴史的経緯を理解せずに，制度の経緯やあり方の本質を明らかにする
にはおのずから限界がある。必然，制度をそのままのかたちで日本の現状に適用，
導入することには困難な諸点がある。わたしの他の地域研究対象であったフィン
ランドについても，「ハイテクフィンランド」政策の下に，ベンチャー型中小企
業が多く生まれた。これには関連する支援制度の成功もあったが，その成功要因
の分析はやはりフィンランドの当時の現状やその背景にある社会的文脈の理解な
くして，日本の制度との比較は難しい。

　現在，日本中小企業学会において，地域別や諸国別の中小企業を研究対象とし
ている研究者は，以前とくらべても多くない。これにはさまざまな要因がある。
主因は，結論からいえば，国際比較研究の必要性を感じている会員の比率が決し
て高くはなかったことに起因する。なぜその必要性が会員のなかで共有されなか
ったのか。二つの側面がある。個々の会員が取り組んでいる問題と課題への「内
発的」な側面と，外部関係者との関係性である「外発的」な側面がある。前者は
自身が取り組んでいる中小企業に関するテーマが外延的に国際比較へとつながる
ことが少なく，国内的な課題や日本的な課題でのみとらえられてきたことにも起
因する。後者は他分野あるいは海外諸国の研究者が会員たちの中小企業研究に接
することで，共同研究などを求められることが契機となって学際研究へと発展し
ていくケースである。

　現実には，地域研究者からのアプローチが多くない現状では，わたしたちのほ
うから地域研究者へとアプローチする意識の醸成が必要である。これは個々の会

員の個別意識の問題といってしまえば，それまでである。学会として，不定期でもゆるい組織形態でも主要地域の中小企業研究チームをつくり上げる支援が重要であろう。主要地域の研究が立ち上がっていけば，それぞれのメンバーに国別の研究テーマが育っていくものである。これには日本中小企業学会と地域研究別の学会との組織的な付き合いも必要であっても，実際にうまくいったケースのほとんどはメンバー間の「相性」であり，個別会員の努力に期待するしかない。

演繹法と帰納法

　学際研究を始めるのは難しいわけではない。問題は継続性である。一定メンバーと一定期間の継続性が担保されなければ，それが出版プロジェクトであろうと，フォーラム形式の発表であろうと，「サラダボール」型や「蛸壺」型の共同研究におわり，会員各自の学識や専門性を深化させる「メルティングポット」型にはならない。

　この種の共同研究の継続性にとって不可欠な条件は，研究テーマの妥当性である。この設定に関わる時間という手間暇を惜しむと，長期的な取り組みは困難となる。それはアンケート形式の実態調査を開始する前段階での，予備調査の重要性と同じではないかと思われる。何を問題視するのか。あらかじめ明らかにすべき問題点を整理しておく必要がある。この点は，長期間の継続を前提とする学際研究では，研究テーマの関係領域は多少とも「間口」を広くとれる利点はある。とはいえ，異なる専門分野の研究者が取り組む以上，共通テーマへの絞り込みは重要であり，一定成果への収束しづらいことは多くの研究者が感じることでもある。

　学際研究では，研究テーマにより演繹的方法か，あるいは，帰納的な方法がよいのか。演繹的方法とは，理論や論理，それに基づいた仮説から対象の課題の明確化や解決策の方向性などを探ることである。換言すれば，一般命題から特殊命題を明らかにすることである。他方，帰納的方法とは，逆に，個別事例や特殊事例から一般的な法則などを引き出そうとする推論方法である。特殊事例や命題を明らかにしつつ，一般命題や一般法則などを引き出すことである。日本中小企業学会の会員の研究方法は，どちらかといえば，後者の帰納的な方法論をとることが多かった。しかしながら，中小企業研究における学際研究への発展可能性を考

えると，帰納的方法論の取り組みと並行して，演繹的方法論の取り組みを強く意識しないと，他分野との研究者との協働関係の構築はスムースにはいかない。

　事例的に方法論の違いにふれておけば，経営学で頻繁にとりあげられてきた日本的経営論で特徴づけられた点を中小企業に適応して，そのより一般的な研究命題や法則性を探れば，種々の点で，それはあくまでも大企業を中心としてそれが適応されるものであって，中小企業層にも同一の経営原理が働いているとは限らない。この点をさらに展開させれば日本的経営論を浮上させた経営学的方法論そのものへの疑問を生じさせる。

　この意味では，演繹的方法論も帰納的方法論を引き寄せ，双方の相互性に架橋することで関係領域の研究も深化する。当然，自国の問題の相対的な位置づけは，国際比較研究を促す。こうしてみると，研究者個人が最終的に何を明らかにしたいという意識レベルの問題となる。さらには，単に問題を現時点で位置づけるのではなく，「いつから」，「なぜ」という問題意識を浮上させる。これは自国史—むろん，これにはいろいろな分野の個別史がある—での問題位置づけを促し，さらには国際比較研究の下での他国史への関心を引き起こす。

　こうした研究連鎖は，中小企業政策史やその関連政策史を研究してきたわたし自身や実質上の共同研究者にとっての経験である。おそらく，他の分野の研究者のなかにもまた同様の経験をもつ人たちも一定数いる。他の事例を取り上げて，学際研究としての国際比較研究のあり方にふれておく。一例として，中小企業診断士制度の研究の関連分野への外延性≒学際研究性について考えてみたい。

　さまざまな分野の政策研究者と直接あるいは間接的に共同研究≒学際研究をしてきた経験からすれば，一般に政策には政府の個人あるいは組織への関与≒介入行為とするコンセンサスがある。つまり，個人や民間組織が自らの関与と範囲で当面する問題や課題への解決が困難な時期に，政府の政策的関与が創始される。短兵急に政策的関与が模索される時期には，大別して二つの傾向がある。一つは大規模な災害の発生時期である。これは自然的被害への対応策である。もう一つは紛争や戦争などへの対応が大規模かつ広範囲なあらゆる資源の動員と統制が必要となる時期である。いずれにしても，「平時」に対して「非常時」という言い方もできる。これは日本のみならず，多くの諸国に共通する政策導入の経緯である。

　中小企業政策についても，他の個別政策と同様に，中小企業が抱える問題や，

政府の掲げる政策目的に対して個別対応が困難な時期に，具体的な制度の導入で政策が実施されるケースが多い。中小企業診断士制度も，一般に中小企業指導法などに関連して戦後に創始されたが，その端緒的な制度設計と実施は戦前にさかのぼって探っておく必要がある。そもそも，政府が個別中小企業の経営に「経営指導」で民間経済活動に関与せざるをえなかった事由とは何であったのか。経営指導の端緒的なかたちは，昭和金融恐慌以降の商店の行き詰まりや倒産の著増への政府の関与の一環として創始された。当時の最大問題は，不況下の個別商店の資金難であり，政府の緊急金融支援策の実施を強く求める声が地方の商工会議所や業界団体から政府や帝国議会へ寄せられた。

　政府もこれを重視して，大蔵省や商工省へ金融面などでの支援を促したものの，実際には緊急融資などの実施面で問題を抱えていた。とりわけ，簿記・帳簿の作成が十分でない小規模商店層への融資に，地方金融機関が貸し渋りを行う実態があった。この時期，東京などで簿記指導が実施され，その制度的な枠組みが検討され始めた。それまでのどんぶり勘定にかわって複式簿記を中心とする帳簿作成指導などが日本でも始動している。これまで経営実態の把握が困難であった小零細小売商などが強く意識され，戦後の簿記指導などへとつながる流れの一つになっていく。

　他方，工業分野は，大別して二つの流れがあった。一つは軍工廠や軍需指定工場の協力工場への原価計算指導という流れである。これは日中戦争から太平洋戦争への軍需中心の統制経済体制への移行にともなって，拡大していった。もう一つの流れは，軍工廠や軍需指定工場の技術的な仕様を満たすことのできない工場への技術指導である。当時，ドイツ留学経験をもつ軍関係者はドイツの軍需生産体制下の，生産性向上や技術改良など技術面だけではなく，軍部からの原価計算指導などに着目して，日本でも実践的な取り組みを行っている。他方，ドイツの産業合理化政策に関心を寄せていた商工省などの関係者も，個別企業への指導のあり方を探っていた。当時，ドイツの産業合理化運動について，かなりの文献が翻訳されていたことからも，この流れを確認できよう。

　換言すれば，平時の経済状況では，政府などが民間企業の経営に積極的に介入し，経営問題や課題の改善を求めて介入する必然性は低い。しかしながら，自然災害や，とりわけ，昭和恐慌をへて，短期間に軍需を中心とする「上」からの統制経済体制への移行には，政府の民間経済活動への介入が必要であった。これは

全体主義国家とされたドイツだけではなく，民主主義国家といわれた米国でも同様であり，多くの政府は世界大戦の下で統制経済へと向かった。ただし，その統制方法や統制組織はそれぞれの国の官僚文化を反映した。

　この文脈で，わたしたちが注目すべきは，そうした制度が戦後の平時体制においてどのように継承され，どのように継承されなかったのかという点である。結論を先取りすれば，敗戦後の大混乱の下での早急な経済復興が焦眉の急となっていた日本では，戦前来の統制政策がある程度のかたちをかえて，戦後の物資不足の下で踏襲された。中小企業診断士制度も，戦前の簿記・会計指導や技術指導などでの経験がどのように戦後継承されたのかは，中小企業政策史研究の一環をなす。

　いずれにせよ，中小企業政策研究においては，国内・国際研究の軸でいえば，国内においては関連分野の研究者，具体的には各分野の政策・制度史研究者にとどまらず歴史学者などとの協働的な取り組み，国際研究においては地域研究者との協働的な取り組みが，彼我の比較において日本の問題をより相対的に理解することにつながる。この過程は演繹的なアプローチをとる研究者と，帰納的なアプローチをとる研究者との相互交流を促し，日本の中小企業政策研究のみならず，日本の中小企業の存立研究に新しい視点をもたらし，新しい研究成果を生み出す可能性を高める。

要約と展望

　学際研究の取り組みでは，理想的には個人において関連領域との関係性を高めることが重要である。実際にはそれはすぐれた知の巨人と言われる少数の研究者に限られる。多くの研究者にとって実現可能な方向は，関連分野の研究者との共同研究から創始される。とはいえ，学際的研究のチームを形式的に整えることができても，継続性には種々の困難が伴う。学際研究の成果は，短期集中的というよりも，むしろ一定期間の継続性を前提にして達成される感が，すくなくとも管見のかぎりにおいて強い。その際に強調されるのは，個々のチームメンバーの専門領域の水準や他のメンバーとの相性―これはきわめて人間的な要素である―のみならず，共同研究を牽引する研究リーダーの資質である。

　しかし，本質的に重要かつ不可欠であるのは，メンバー間で共有できるテーマ

の設定なのである。テーマ設定の重要性は，「中小企業」を対象として何を明らかにするのかというわたしたちの研究姿勢が問われることになる。個別中小企業の経営動向を明らかにすることが自己目的となっている場合には，関連分野への協同研究の拡張性は弱い。

　わたし自身の中小企業研究観は，「中小企業」を研究対象とすることでその国の政治・経済・社会のあり方を明らかにすることにある。必然，中小企業は「大企業」との相対比較において，そのあり方の相対的位置をより深く一層理解することになる。こうした研究過程は，他分野の研究領域と，とりわけ，各国個別研究を含む地域研究者との学際研究を必然化させる。中小企業を知（識）ることはその社会をより深く知（識）ことである。中小企業を研究対象とする日本中小企業学会の役割は，学会の役割が変化するなかで，個別会員の研究の学際性を促し，支援することにある。

〈注〉
1　たとえば，国立研究開発法人・科学技術振興機構研究開発戦略センター「Beyond Disciplines―JST/CRDSが注目する12の異分野融合領域・横断テーマ」(2018) を参照。
2　天野麻穂・片岡良美・川本思心（2020年）「学際研究プロジェクトにおける異分野研究者間コミュニケーション―インタビュー調査によるプロジェクト維持要因の仮説作成―」『年報科学・技術・社会』第29巻。
3　同上，52頁。
4　藤垣裕子（1995年）「学際研究遂行の障害と知識の統合―異分野コミュニケーション障害を中心として―」『研究・技術・計画』第10巻第1/2号。
5　国立研究開発法人科学技術振興機構研究開発戦略センター（科学技術イノベーション政策ユニット）（2015年6月）『科学技術イノベーション実現に向けた自然科学と人文・社会科学との連携―21世紀の社会と科学技術の変容の中で（中間報告）―』，1頁。

日本人は「独立して自由に仕事をすること」についてどう評価してきたか

東洋大学　安田武彦

1. 序論

　日本経済において起業家活動について注目が集まってからもう30年余となる。起業家活動の活性化はその間のどの内閣でも経済政策の中心に置かれている。

　では，一国の起業活動を規定するものは何なのか，起業するか否かのマイクロレベルの決定を規定するものは何なのかについて，経済学や社会学が様々な回答を示してきた。経済学において最も有名な理論は，職業選択モデルである（加藤（2022），以下「モデル」という）。ここでの基本的考え方は個人が自営業者を選択した場合，将来得られると期待できる収益フローと，従業員であり続ける場合，将来得られると期待できる収益フローの違いに着目，前者が後者を上回る場合，起業を選択し，その逆の場合，起業を選択するというものである（Lucas（1978），Jovanovic（1982））。こうした「コスパ」を重視した理論は，「損得」を総合的に判断して最適な行動を取る合理的経済人を基礎としたスタンダードな経済学と親和的であり，その意味ではエレガントなものといえる。

　しかしながら起業家に対するアンケートの殆どはエレガントなモデルとは異質の結果を見出している。すなわち，例えば起業した者に対してその動機について尋ねた大方の調査においては，高収入を見込でというより「独立して自由に仕事をしたい」や「自己実現」といった経済以外の動機が多いことが報告されている。

　本稿は第一にこのようなモデルとアンケート結果の間に見られる「違和感」の原因について仮説を提示するとともに，アンケートによって得られる「独立」を志向の仕事意識に着目し1970年代から近年まで，こうした志向にどのような変化がみられたのかを追っていくものである。

　本論の構成は以下のとおりである。

　2．では収益性に着目した職業選択モデルと日本における起業者対象のアンケートの結果を対比して，両者の間の違和感について確率論の観点から考察するとともに，起業論その後の展開の方向について概観する。

　3．では起業論を論じる前提としての，仕事上の独立意識について分析するに当たり，本論で分析に用いる「日本人の意識」調査について概説する。

　4．では本調査を用いて，日本において「独立して，人に気兼ねなくやれる仕事」が，どのように評価されてきたのか，そして評価の変化の背景を探り，以下の2点を観察分析結果として提示する。

① 仕事の理想としての独立を捉える傾向は70年代以降，漸次低下しており，低下の内訳を見ると「独立と健康維持」，「独立と専門性」という理想の後退で大半が説明できる。他方，「独立と世の中のためになる貢献性」について理想とする割合は近年，上昇しつつある。

② 一般に若年層では独立を理想とする傾向が高いものの，90年代，2000年代には30歳代であった層では独立を理想とする傾向が特に低くなっている。同時代に20歳代であった者には同様の低下傾向は見られない。

　5．はまとめと政策的インプリケーションである。独立志向者の抱く独立像は変化しつつあること等を前提に，支援施策のあり方を論じる。

2．職業選択モデルとアンケートの現実，その後の実証分析の方向

　筆者の知る限りでは起業という事象について職業選択という切り口から分析した初めての成果はLucas（1978）である。そこでは①個人の労働者としての能力（生産性）は均質である一方，経営者としての能力（managerial "talent"）には違いがある，②個人はそれを知っているということを前提に，個人が経営者となる（起業を選択する）のと従業員として働く（起業しない）のとどちらが高い期待収益を得られるのかの予想を行い，より高い期待収益を得ることができる選択を行うとするモデルを展開している。

　こうしたLucasのモデルは，幾つもの派生系を生んだ。例えばJovanovic（1982）

は，Lucas（1978）の個人は自身の経営者としての才能について先験的に理解しているという前提を取り払い，経営者としての才能の欠如を起業後に認知した者が参入後，徐々に退出するという退出プロセスについてのモデルを展開した[注1]。

　日本ではこうした理論的考察ではなく，その適合性について確認の試みがなされている。例えば中小企業庁（2002）等は日本の被雇用者収入に対する自営業者収入の長期的推移と開業率の関係から，自営業者の相対的収入低下と開業率の低下は高い相関を持つと指摘している。ここからは独立と非雇用の収益性の差に着目した職業選択モデルが日本の状況を支持しているように見える[注2]。

　しかしながら，収益に着目した職業選択モデルについては既に起業した者に起業動機について尋ねた日本の多くのアンケート調査結果となじまない部分がある。例えば，日本政策金融公庫総合研究所が実施している「新規開業実態調査」において長年，開業動機の第1位に挙げられているのは「自由に仕事がしたかった」であり，選択肢中，職業選択モデルに直接対応する「収入を増やしたかった」は，第3位に過ぎない（第1図）。同様の結果は，中小企業庁（2022）第2-2-107図における創業者に対して経営者に就任した動機に係る質問の回答からも見て取れる。すなわち，同質問について創業者経営者の回答で一番多かったのは，「自己実現のため（50.8％）」であり，次が「自分の裁量で自由に仕事をするため（44.0％）」，それに対して「高い所得を得るため」は23.0％，10選択肢中第5位であった。

　こうした職業選択モデルとは異なるアンケートの結果は，職業選択による収益性を重んじた起業論を受容することについて慎重さを求めるものといえる。ここではアンケートと理論の不整合をもたらす点として3点あげておく。

　第一は容易に言えることであるが，起業した場合と従業員として働いた場合の将来の収益について個人が比較可能な程度までの予想を持ちうるのだろうかということである。前世紀にはSimon（1947）が，今世紀に入り行動経済学が明らかにしてきたように人間の将来を見通す力には限界があり，収益性に着目した職業選択モデルのように個人が振る舞うかどうか疑問である。

　第二のより根本的な問題は，起業という現象に確率論を適用できるかということである。確率の概念は独立した同一試行が何度も繰り返し行われることを前提にしたものである。多くの者にとって一生に一回の出来事である起業という選択について確率論がどれだけ影響をもつであろうか。「失敗が明白」とか「確実に

第1図　起業動機

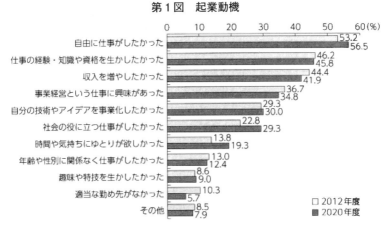

(注) 1.3つまでの複数回答である。
　　 2.2012年度以降の調査では同じ選択肢が用いられている。このため2012年度調査の結
　　　 果を参考として掲げた。
出所：日本政策金融公庫総合研究所「新規開業実態調査」（2012年度，2020年度）より筆者
　　　作成

成功」といった明確な見込みが無い場合，確率的数字の位置づけは起業の意思決定にとって二次的な意味以上のものしか持たないのではないであろうか。

　第三に職業選択モデルにおいては選択をする個々人の置かれている社会環境の影響を見ていないということである。個人が起業という選択をとるかどうかは，「どちらが得か」という判断より，そのことが外部にどう受け止められるかということに左右される場合が少なくない。同調圧力が強い日本社会においては，起業する選択肢は遠いものとなっていくだろう。

　以上，収益面に着目する職業選択モデルが拾い切れていない起業の諸側面を述べた。このような面を見ると起業した者に対するアンケートにおいて「収入を増やしたかった」が主動機にはなっていないことについて一定の説明がつく。

　なお，Lucas（1978）以降，起業論においては起業の決断の背景にあるものとして期待収益性の他，個人の価値観を形成する諸要素として属性や個人の置かれた社会環境の影響を取り入れるようになっている[注3]。

　次項からは，期待収益性以外の要素として日本人の「理想の仕事」感を取り上げ，分析を行っていく。

3.「独立して自由に仕事をすること」を分析するためのデータ

起業活動を読み解く場合，経済社会を構成する個々人の意識は重要な要素である。「自由に仕事をしたい」，「自己実現を大切にする」者が多い社会状況では，起業活動は活発であり，そうではない場合は起業活動の水準の水準は低調になる。

では，大きく変化した1970~2000年代，日本人の仕事意識の中で「独立」ということがどのように捉えられてきたのか。残念ながら，日本で起業活動に関心が持たれ始めたのは1990年代であり，80年代以前の起業意識の状況を調査した文献は殆どない。

そうした中で，本論において使用するデータは日本放送協会が1973年から実施している「日本人の意識」調査（以下，「調査」という。）の個票データである。

データの詳細については荒牧（2019）に解説されており本論では調査の概要のみ紹介することとすると，実施期間は1973年から末尾3，8の年の5～7月，調査対象者は無作為抽出された16歳以上の国民（男女），方法は個人面接，有効サンプル数は1回の調査で約3,000~4,000（18年の最新調査では2,751）である。

質問項目は，(1)基本的価値（生活目標，生活充実手段，権威－平等，能率―情緒，理想の人間像，(2)経済・社会・文化（消費・貯蓄，人間関係，理想の仕事，仕事と余暇，信仰・宗教，(3)家庭・男女関係，(4)コミュニケーション，(5)政治，(6)国際関係等多岐にわたっている。

なお，意識の経年変化を追跡できるよう調査方法，質問項目，調査実施時期等については第1回調査から殆ど変わっていないことは本調査の大きな特徴である。

本論文ではこの調査の中で理想の仕事についての質問項目に焦点を当てる。

理想の仕事についての質問項目では，選択肢として，①働く時間が短い仕事（短時間），②失業の心配がない仕事（失業不安無），③健康をそこなう心配がない仕事（健康維持），④高い収入が得られる仕事（高収入），⑤仲間と楽しく働ける仕事（仲間），⑥責任者として，采配が振るえる仕事（責任），⑦独立して，人に気がねなくやれる仕事（独立），⑧専門知識や特技が生かされる仕事（専門性），⑨仲間からもてはやされる仕事（名声），⑩世の中のためになる仕事（貢献）の10の中から2つ（第1位，第2位）を選ばせている。

　質問項目のうち⑦の「独立して，人に気がねなくやれる仕事」は，先述の「新規開業実態調査」の起業動機についての質問に対する選択肢の「自由に仕事がしたかった」と趣旨が近く，また，中小企業庁（2022）の経営者としての動機の「自己実現のため」，「自分の裁量で自由に仕事をするため」ともほぼ同じ内容である。

　そこで「独立して，人に気がねなくやれる仕事」という選択肢を起業活動と関係が深いものと見做し，日本人の意識の中でこの選択肢の位置づけが長期的にどう変化したのか，その背景に何があるのかについて以下で見ていくこととする。

4．理想の仕事の変化とその要因等の分析

（1）　独立の評価の推移

　はじめに，1973〜2018年までの調査から仕事の理想の各選択肢の推移を見ていくと，1973年〜2018年まで経年的に減少しているのは健康（73年47％→18年37％）と独立（同　17％→6％）だけある（荒牧（2019））。

　理想としての独立は長期的に見て明らかな減少傾向にあるのである。このことは長期的な日本の起業活動の衰退と残念ながら符牒が合う。だがそれだけでは，「独立」について調査の表面を見ただけである。この背景に何が起こっているのか。以下，その点について調査のデータの個票の個人属性を探っていくこととなるが，そのために本論では調査データをやや大きく絞り込み，再編成したサンプルを用いる。

　まず，SSJから入手した個票データは2018年の最新調査を除く，1973年〜2013年のものである。この中でさらに，サンプルの半数以上を構成する女性サンプルを除き，男性のみのサンプルを分析対象とする。理由は，荒牧・村田・吉澤（2019）にあるように理想の仕事について女性と男性で差が大きく，異質なものを同一線上で扱うことで精密な統計分析が困難となることを避けるためである[注3]。

　また，調査では対象者年齢について上限はないが，分析の対象は60歳代までとした。近年，高齢者の起業も増えているものの，仕事の理想への回答としては過去の仕事の回想の可能性が高いと考えられるからである。

　さらに調査では回答者の職業についても尋ねているが，この内，学生及び農林漁業者，自営業者は除外した。学生の仕事の理想については回答と起業を結びつけることが適当ではないと考えられ，また，農林漁業者，自営業者は既に独立し

ており，独立についての捉え方が従業員等とは違うと考えられるからである。

　なお，こうしてできたサンプルの概要については，付録に掲載したとおりである。

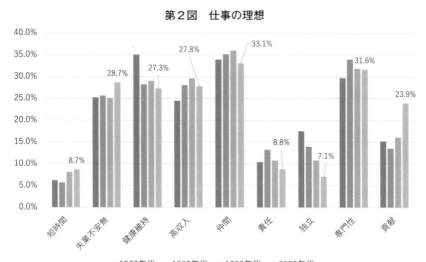

第2図　仕事の理想

注：1　名声を選んだ者はごく少数であったため省略した。
資料：日本人の「意識」調査から筆者作成

　さて，本論の分析用サンプルから得られる理想の仕事に関する結果は第2図のとおりである。独立を理想とする割合は1970年代以降低下傾向にある。同様に低下傾向にある選択肢としては健康維持がある　他方，高収入や貢献は上昇傾向にある。

　なお，付け加えると本論で使用する調査では，仕事の理想について選べる選択肢は2つであることから，独立を選んだ回答について，独立と短時間，独立と失業不安無，独立と健康維持…といった独立とその他の項目の組合せに分けることで長期的独立志向の退潮をより細かく捉えることができる。その結果として第3表は，1970年代と2000年代以降の間の理想としての独立の低下分の内訳を寄与度として示したものであり，ここから低下に最も寄与した理想の組合せは「独立と健康維持」であり（31.0%），次が「独立と専門性」（27.4%），両者で低下の6

割になることがわかる。他方,「独立と高収入」という理想の組合せは12.2％であり,理想としての独立への評価落ち込みの主原因ではない。

　また,「独立と貢献」は寄与度がマイナスとなっている。これは,「世の中のためになる独立」が理想としてむしろ取り上げられつつあるということである。実際,仕事の理想として独立とともに貢献を選ぶ割合は,1970年代6.0％であったものが2000年代以降では12.7％と上がっている。今世紀になり,CSR等に見られる起業の社会的役割への意識の上昇を反映しているのかもしれない。

第3表　組合せ毎の独立理想率低下（1970年代～2000年代以降）への寄与度

独立と 短時間	独立と 雇用維持	独立と 健康維持	独立と 高収入	独立と 仲間	独立と 責任	独立と 専門性	独立と 貢献
0.5%	9.6%	31.0%	12.2%	15.2%	9.6%	27.4%	－ 4.6%

（2）　独立の評価についての時代効果,年齢効果分析

　近年になるにつれ,独立理想が低くなっていった要因は何か。

　「日本人の意識調査」を解説した荒牧（2019）は,社会全体としての意識が変化する場合を①老若といった年齢による意識差があり,年齢構成が変化した場合と,②時代の影響で年齢層に関係なく意識が遍く変化した場合に分けている。

　ここでは,まずこの考え方に沿って「独立を仕事の理想とするか否か」の決定要因について本調査のサンプルを用い分析する。

　分析モデルは以下の通りである。

①　被説明変数
　　・仕事の理想が独立であるか否か（ダミー変数,はい＝1,いいえ＝0）
②　説明変数
　　・年齢層の4ダミー変数（20歳代以下,30歳代,50歳代,60歳代（40歳代がベンチマーク）),
　　・最終学歴ダミー変数（大卒,大学院卒＝1,その他＝0）
　　・年代の3ダミー変数（1970年代,1990年代,2000年代）
③　分析方法：Probit分析

分析の結果は，第4表のとおりである。

まず，第2列のモデル1では，

①年齢層に係るダミー変数の推計係数から若年層（20歳代以下，30歳代）ほど独立を仕事の理想としてあげる傾向が強いこと（年齢効果）

②年代別ダミー変数の推計係数からは，1980年代以降2000年代まで年齢層に関係なく，独立を理想としなくなっていること（年代効果）

がわかる。

このうち，①の若年層ほど独立心旺盛であることについては，普通に納得の行くことである（日本政策金融公庫総合研究所が2013年度から実施している「起業と起業意識に関する調査」でも，起業関心層の割合は30歳代以下において50歳代以上と比べ大幅に高いことが示されている）。

他方，②の独立志向が70年代以降一貫して低下する点についてはどのように解釈できるであろうか。直感的には日本の成長率の鈍化が関係ありそうである。しかし，成長鈍化は普通の会社に勤めることと比べ，独立して仕事をすることを難しくするものではあるが，その理想としての魅力を低めるものなのであろうか。

筆者としてむしろ指摘したいのは日本の経済発展と時を同じくして進んできた地域社会コミュニティの劣化である[注5]。独立して自由に働く者を支えるとともに，彼らに活躍の場を与えてきた地域社会の機能の低下は，まちに暮らす普通の自営業者の存在感を希薄にし，独立という選択肢の魅力を削いできたのではないだろうか。

ただし，こうした論点は本論文の範囲を遥かに超えるものであり，詳細は別の論考に譲る。

ここまでは時代効果と年齢効果を独立したものとしてみてきたが，実際には時代の変化の影響は年齢により異なる可能性がある。

こうしたことを踏まえ，第4表モデル2〜4では，時代の影響が年齢層に遍くではなく，特定の年代に対しての影響について年齢層ダミー×年代ダミー（交絡項）を説明変数に組み入れたモデルによる推計を行っている（モデル2は20歳代以下×年代ダミー変数，モデル3は30歳代×年代ダミー変数，モデル4は20歳代以下×年代ダミー変数，30歳代×年代ダミー変数の併せて推計した結果である）。

モデル4に絞り結果を見ていくと，1990年代と2000年代に30歳代であった者（調

第4表　「独立」を仕事の理想に選んだ者の属性

	モデル1（年齢効果＋時代効果）	モデル2（年齢効果＋時代効果＋20歳代以下影響）	モデル3（年齢効果＋時代効果＋30歳代影響）	モデル4（年齢効果＋時代効果＋20歳代以下，30歳代影響）
20歳代以下	0.173*** （.050）	0.150* （.086）	0.175*** （.050）	0.204** （.090）
30歳代	0.113*** （.007）	0.132*** （.049）	0.282*** （.077）	0.288*** （.081）
50歳代	−0.044 （.054）	−0.048 （.054）	−0.048 （0.054）	−0.055 （.054）
60歳代	−0.053 （0.059）	−0.058 （.059）	−0.061 （.059）	−0.072 （.059）
大卒以上	0.084** （.039）	0.082** （.039）	0.087** （0.039）	0.083** （.039）
1970年代ダミー	0.132*** （.045）	0.108** （.052）	0.170*** （.054）	0.144** （.068）
1990年代ダミー	−0.145*** （.048）	−0.146*** （.054）	−0.065 （.056）	−0.037 （.066）
2000年代〜ダミー	−0.298*** （.049）	−0.287*** （.538）	−0.232*** （.050）	−0.196*** （.065）
70年代×20歳代以下		0.084 （0.105）		0.048 （.113）
90年代×20歳代以下		0.010 （0.120）		−0.099 （.125）
2000年代〜×20歳代以下		−0.066 （.128）		−0.156 （.133）
70年代×30歳代			−0.133 （.977）	−0.108 （.106）
90年代×30歳代			−0.317*** （.133）	−0.343*** （.066）
2000年代〜×30歳代			−0.248** （.114）	−0.283** （.118）
定数	−1.161*** （.047）	−1.154*** （.049）	−1.204*** （.056）	−1.209*** （.055）
サンプル数	9,573	9,573	9,573	9,573
LRchi2	148.20***	149.95***	157.49***	160.85***
疑似R2	0.021	0.021	0.022	0.022

注）***1％水準，**5％水準　*10％水準　（　）内は標準偏差

査年から計算すると1954〜1968年生まれ，現在54〜68歳，世代論的には影が薄いが「新人類世代」とも言われる層が中心）について年齢階層ダミー×年代ダミーの推計係数が有意にマイナスとなっている。つまり，この世代は独立を理想とする傾向が有意に低まっているといえる。「自由で独立」という理想の魅力が薄らいでいく時代の影響はその頃，30歳代であった者にとって特に響いたと言える。

　他方，同じことは90年代と2000年代を20歳代として過ごした者には見られない。モデル4では，70年代，90年代，2000年代以降という時代状況と20歳代を掛け合わせた年齢階層ダミー×年代ダミーについてはいずれも有意な結果は得られていない。

　同じ様な社会状況に置かれていても，一般に社会に出発したばかりの20歳代と社会の実質的中心であり家庭を持っている場合も多い30歳代では「独立して自由であること」の難しさの受け止め方は，異なってくるのであろう。

5．まとめと政策的インプリケーション

　以上をまとめると以下の通りである。

① 　起業家等への直接のアンケートから導き出される結果は，起業動機として
は，「自由に独立して仕事がしたいこと」であり，「高収入見込み」は劣後に置
かれる。起業という現象を捉える場合，収益性だけではなく個人の仕事に対す
る価値観等多様な要素を含め考察していくことが必要である。

② 　起業活動を促す一要因としての仕事の理想像を見ると，70年代から2010年ま
で仕事の理想に「独立性」を求める者は，減少傾向にある。特に減少したのは，
「独立と健康維持」，「独立と専門性」という理想の組合せであった。反対に「独
立と貢献」は仕事の理想の組合せとして割合を大きくしつつある。

③ 　何時の年代でも若年層ほど独立を理想とする傾向が高いが，90年代，2000年
代に30歳代であった層では，独立理想が低まっている。他方，同じ頃，20歳代
以下であった者には同様の落ち込みは見られない。

　同じ若年層であっても「独立」するということの受け止め方は，社会に出た
ての20歳代と30歳代では異ることがあり，こうした結果が生まれるのかもしれ
ない。

　果たしてこうした分析と考察から，今後についてどのようなインプリケーショ
ンが得られるであろうか。

　筆者が注目するのは，2点である。

　第一は「独立」の受け止め方の20歳代と30歳代の違いである。

　時代に影響を受け易いのが20歳代ではなく30歳代であるとすれば，起業家教育
の対象も高校生とかではなく，リカレント教育の対象者となる年代であるのかも
しれないということである。

　第二は独立を意識する者の中身である。独立と高収入が同時に選択されている
場合であれば，独立を妨げる金融制約や税制の問題の解決は起業活動を直接刺激
する効果があるだろう。しかし，社会貢献と独立を理想としている者は金融制約
が解ければ直ぐに起業するというわけではないだろう。彼らにとっては社会的課
題が存在してはじめて独立への具体的な道が拓けるということだろう。

　この点で興味深いのは近年のコロナ禍における開業動向である。中小企業白書

2022年版によると，2020年の開業率は5.1％と前年に比べ，0.9ポイントの上昇となっている。それに対応するように，日本政策金融公庫の新規創業融資制度実績も2019年度から2020年度で件数，融資額ともに大きく上昇している。その他に，GEMによる日本のTEAも2019年の5.40％から，2020年には6.5％と大幅に上昇し，2021年も6.3％と高い水準を保っている。

　背景にはコロナ禍という大きな経済環境の変化の中，起業による社会貢献のチャンスが増えたことがあるかもしれない。今後，注目されるところである。

＊本論文における分析に当たり，東京大学社会科学研究所附属社会調査・データアーカイブ研究センターSSJデータアーカイブから〔「日本人の意識」調査（日本放送協会）〕の個票データの提供を受けました。御礼申し上げます。

〈注〉
1　「受動的学習モデル（Passive Learning Model）」である。鈴木（2021）参照
2　中小企業庁（2002）第2-1-24図，同様の分析は中小企業白書において以降，再三行われている。但し，これらの分析は計測期間における自営業者層の高齢化の影響を考慮に入れていない。実際には自営業者のうち高齢者の収入は極めて低く，自営業者の対被雇用者相対収入の低下は，単なる自営業者の高齢化によるものであり，開業率の低下との相関は見せかけのものであるかもしれない（安田（2017））。
3　個人の起業活選択について起業の収益性以外にエスニシティや居住地区等多様な個人属性を含め分析したものとしてはTaylor（1996）がある。
4　女性の場合，職業を主婦とした者とそうでない者（例えば，販売サービス職，事務職・技術職等）で仕事の理想についての回答パターンの違いが大きく，それを分析することには十分な慎重さが要求される。
5　地域社会と自営業者の関係については鄭（2002）参照。そこでは町内会や自治会，まちづくり活動等における自営業者の積極的参画について指摘している。まちでは自営業者は「主役」であることは，お祭り等で多くの者が経験することであろう。

〈参考文献〉
1　荒牧　央（2019）『45年で日本人はどう変わったか（1）』，放送研究と調査 JUNE, 2019 p.2－37
2　荒牧　央，村田ひろ子，吉澤千和子（2019）『45年で日本人はどう変わったか（2）』，放送研究と調査 JULY 2019 p.62-82
3　加藤雅俊（2022）『スタートアップの経済学　新しい企業の誕生と成長プロセスを学ぶ』，有斐閣

4　鈴木正明（2021）「中小企業の誕生」．『中小企業論　組織のライフサイクルとエコシステム』，同友館　pp.29-87

5　中小企業庁（2002）『中小企業白書　2002年版』，ぎょうせい

6　中小企業庁（2022）『中小企業白書　2022年版』，日経印刷

7　鄭 賢淑（2002）『日本の自営業層 階層的独自性の形成と変容』，東京大学出版会

8　安田武彦（2017）「地域の企業活動とその水準の決定要因（その1）」『経済論集』第43巻第1号　p.137－55

9　Jovanovic, B.（1982）"Selection and the Evolution of Industry", *Econometrica*, 50(3) pp.649-670

10　Lucas,R.E.（1978）"On the size of distribution of business firms", *Bell Journal of Economics*, 9(2)

11　Taylor, M.P.（1996）"Earnings, Independence or Unemployment: Why Become Self-employed?", *Oxford Bulletin of Economics and Statistics*, 58(2), pp.253-266

（査読受理）

付録

1. 年齢層別数と構成比

	1973	1978	1983	1988	1993	1998	2003	2008	2013	総計
20歳代以下	358	289	213	225	214	190	149	124	99	1861
30歳代	335	350	325	265	250	219	206	171	137	2258
40歳代	267	276	273	264	273	244	169	176	164	2109
50歳代	113	171	216	237	232	250	267	216	177	1879
60歳代	116	87	118	145	168	210	192	217	213	1466
総計	1189	1176	1145	1136	1137	1113	983	904	790	9573
20歳代以下	30.1%	24.6%	18.6%	19.8%	18.8%	17.1%	15.2%	13.7%	12.5%	
30歳代	28.2%	29.8%	28.4%	23.3%	22.0%	19.7%	21.0%	18.9%	17.3%	
40歳代	22.5%	23.7%	23.8%	23.2%	24.0%	21.9%	17.2%	19.5%	20.8%	
50歳代	9.5%	14.5%	18.9%	20.9%	20.4%	22.5%	27.2%	23.9%	22.4%	
60歳代	9.8%	7.4%	10.3%	12.8%	14.8%	18.9%	19.5%	24.0%	27.0%	

2. 教育水準（大卒以上）別数と構成比

1973	1978	1883	1988	1993	1998	2003	2008	2013
181	202	250	257	297	323	316	308	280
15.2%	17.2%	21.8%	22.6%	26.1%	29.0%	32.1%	34.1%	35.4%

ADHD起業家研究から見えてきた 新たな企業家像[注1)]

大阪経済大学　江島由裕

Ⅰ．はじめに

　Knight（1921）は企業家の本質を計測不可能な真の不確実性への対応と捉え，筆者は，その駆動力としてのEO（Entrepreneurial Orientation）のメカニズム研究をこれまで進めてきた（江島，2018）。そうした中，後述する1本の論文に出会い，衝撃を受け，本研究をスタートさせるに至った。それがADHD起業家研究である。事業を急成長させる戦略駆動力としてのEOの諸要素と強い親和性を感じさせる起業家の資質としてのADHD（Attention-Deficit Hyperactivity Disorder）症状や傾向の諸要素が，どのようなプロセスやメカニズムで起業，事業展開，成長に結び付くのか。ここが，ADHD起業家研究のスタート地点で，研究者の共通の関心事となっている。

　一方，ADHD資質や傾向は肯定的な側面ばかりではなく，事業創造のプロセスで摩擦を生じさせる一面も併せ持つ。本稿では，この点も意識しながら慎重に議論を進め，その転換点について検討を加えた。これまでの代表的なADHD起業家研究を振り返り，そこからわかってきたこと，まだわからないこと，そして，これまでの企業家研究を越境し垣間見えてきたかもしれない，新たな企業家像や企業家活動の姿，加えて，そこに向かう道程について，本稿では，探索的な調査を通じて，議論し展望している。

　本稿の構成は次の通りである。まず「Ⅱ．先行研究」では，ADHDの症状について触れ，代表的な先行研究等をレビューし，本研究の問いについて述べる。次に「Ⅲ．調査」では，調査方法と分析結果を論じ，最後の「Ⅳ．考察」で，発見事実の提示と新たな企業家像を展望し本稿を終える。

Ⅱ．先行研究

1．ADHDとは

ADHDとは，発達障害の一形態として，「多動性」「衝動性」「不注意性」がその象徴的な特徴としてあげられる（備瀬，2013；司馬，2009）。この特徴について，江島・藤野（2019）では，備瀬（2013），岩波（2015），司馬（2009）を参照しながら，次のような症状や傾向を指摘する。例えば，多動性については，金銭管理が苦手，落ち着きがない，周囲の刺激に反応してしまう，衝動性については，勝手についつい質問されていないことまで話をしてしまう，後先を考えずに行動する，不注意性については，気が散る，忘れ物や物忘れが多い，約束を忘れる，集中できない，などである。

なお，多動性は小学生の高学年頃には，改善がみられとされ，衝動性と不注意性は成人になっても，残るといわれ（星野，2017；立入，2017），このことが，仕事場での頻繁なミスにもつながり，劣等感，疎外感，生きづらさを感じさせることになるとみられている。また，不注意性は，岩波（2015）によると，必ずしも注意力が散漫な訳ではなく，目の前の事に集中してしまったり，頭の中で別のことを思い浮かべたりすることに起因するとされる。

ADHDの症状や特徴は，グラデーションとして説明されることが多く，診断を含めて明確に説明することは難しいことも事実である。本稿では成人ADHD起業家を研究対象としているが，個々の症状を医学的見地や精神疾患の視点から厳密に分析することを意図している訳ではない。経営学やアントレプレナーシップ論の視点から，起業プロセスの駆動力として，ADHD資質の特徴に注目をして研究を探索的に進めている。従って，調査におけるADHDの症状，傾向，特徴，診断については，あくまでも社会科学研究の観点から捉えて，分析と解釈を行っている点についてご留意頂きたい。

2．Wiklund, Patzelt and Dimov（2016）論文

筆者が衝撃を受けた論文は，2016年にJournal of Business Venturing Insightsに公刊されたWiklund, J., Patzelt, H., and Dimov, D. の "Entrepreneurship and Psychological Disorders: How ADHD can be Productively Harnessed" である。彼等は，14人のADHD起業家の語りから，ADHD資質と起業プロセスならびに

成果との関わりについて分析し，ADHD起業家プロセスモデルのプロトタイプを示した。そこでは，事業環境としてのコンテキストとして，アントレプレナーシップの本質の１つである不確実性の高低を加味して考察が加えられている。その結果，不確実性が高い事業環境下では，ADHDの症状／傾向の要素の１つである衝動性が起業家の行動（entrepreneurial action）と直結し，事業の成果にプラスの影響を与える可能性を指摘した。加えて，ADHDの症状／傾向の要素の１つでもある過集中と，そこから生まれる専門的知識の蓄積が，事業の成果に大きく関わることを示唆した。

　一方，逆に不確実性が低い場合，言い換えると，先行きの見通しが不透明ではなく，将来の事業環境の情報が比較的豊富にある状況下では，意思決定において，直観や，十分に考慮することなく衝動的に行動するADHDの資質や要素は，事業成果にマイナスに働く可能性があることを指摘する。加えて，不確実性が高い場合でも，仮に衝動性が表出されたとしても，執着や過集中の程度が低いと，専門性の蓄積が不十分となり，事業成果を高める効果は薄いことを示した。

　同論文の公刊に追随するかのように，Wiklund, Yu, Tucker and Marino（2017）は，MBA取得者を対象に起業への志向性とADHD症状／傾向との関係性について，ADHDの資質／要素を不注意性と多動性に分けて調査を実施した。分析の結果，不注意性より，多動性に伴う刺激欲求と事前熟考の欠如が，起業志向に正の影響を，多動性に伴う緊急性の要素は起業志向に負の影響を与えている，とした。

　その後，Wiklund et al.,（2016）論文を契機として，ADHD症状／傾向の資質や要素の視点から起業プロセスを分析する資質アプローチの研究が，欧米諸国において活発化する。筆者は，この研究動向を踏まえ，探索的に日本におけるADHD起業家の研究に着手した。その第一弾が次に述べる江島・藤野（2019）論文である。

3．江島・藤野（2019）論文，現場の声，研究の問い

　同論文は，発達障害やADHDの資質を，アントレプレーシップというコンテキストで捉え直すと，ポジティブに開花する可能性がある点に注目し，前述したWiklund et al.,（2016）を追試する形で，未だ不明のADHD資質と起業プロセスの解明を試みている。

　そこでは，発達障害をもつ起業家を分析対象とし，そこから２つの特徴的な

ケースを抽出し分析と考察を加えている。分析対象者の選択プロセスでは，まず「ADHD」「発達障害」「起業家」「経営者」など本研究テーマにかかわるキーワードから，日本の書籍/新聞/雑誌等の二次情報にアクセスし，検索し，関連するテキスト情報の抽出を試みている。次に，見出しと要約を読解し精査した上で整理し，ADHD診断/症状を確認し，発達障害起業家をリストアップしている。加えて，ADHD/ADD/AS起業家の中から分厚い記述の2ケースを取り上げて詳細な分析が加えられた。

　その結果，成人ADHD起業家の特徴として，①一般的就労の難しさとフリーランスに向く資質であること，②診断を受けることが転機になったこと，③こだわりと集中が起業機会への気づきと学習効果を生んだこと，④ADHDの潜在的な資質に光を当てコントロールする道具（例：自身のトリセツ）が有効であること，が指摘された。総じて，ADHD資質は起業や事業創造プロセスに肯定的な影響を及ぼす可能性が高いことが主張されている。

　一方，こうした資質は，必ずしもビジネス現場で常に肯定的に表出している訳ではないこともわかっている。職場において，多動性や不注意性という資質は，仕事のパフォーマンスを下げたり（Halbesleben, Wheeler and Shanine, 2013；Nadeau, 2005），職を失う可能性がある等（Barkley, Fischer, Smallish and Fletcher, 2006）否定的な結果を招く点も示唆されてている。この資質の両面について，Bozionelos and Bozionelos（2013）は，適切に資質の弱点に向き合い，レジリエンスを高める中で，特に意思決定や創造性が必要な場面では，弱点とみられる点から優れたパフォーマンスが生み出される可能性があることを示唆する。

　果たして，その指摘の通り，ADHDの資質が梃となり，起業は軌道にのり，事業は成功するのだろうか。仮にそうであった場合，そこには，どういう文脈や条件が隠れているのか。Wiklund, et al.（2016）論文，江島・藤野（2019）論文，またその他の資質論を中心とした研究アプローチでは，こうした課題に対して十分に分析ができているといえるのだろうか。近年の数少ない先行研究をみる限りにおいては，その理解は必ずしも十分とはいえず，見えずらい背景要因への接近の必要性が示唆されている（Antshel, 2018; Tucker et al.（2021）; Greidanus and Liao, 2021）。資質からの負の症状ならびに組織や社会との摩擦を踏まえた分析は限定的といえよう。

　ADHD資質を梃にして起業を軌道にのせる鍵は，ADHD起業家の背後に隠れ

ているのではないだろうか。背後にある社会的環境要因や個人の志向性などの観察は，資質論の守備範囲の外に置かれている。起業プロセスを社会環境との営みの中で捉え直すことで，ADHDの負の症状が個性へと転換し，起業の意味や意義が転換していくプロセスも垣間見えてくるのではないだろうか。本稿の主な関心事はここにあり，次に述べる調査は，こうした点を意識して，設計し，実施している。

Ⅲ．調査

1．調査方法

本調査[注2]は，江島・藤野（2019）論文の中心課題に対して，同論文とは異なる分析アプローチで検討を進めることを意図して実施した。調査に際しては，前述した江島・藤野（2019）の発達障害起業家リストを用いて，そこからADHD起業家に絞り，広くその特徴を分析するねらいで，テキスト分析に足る一定の情報の揃った10人のADHD起業家を抽出し，本研究の分析対象とした。分析対象者の概要については，表1を参照頂きたい。

表1　ADHD起業家10人の概要

氏名	診断	性別	年齢	立地	診断時期	業種	創業年
A	ADHD	男性	42	東京	小学生	教育支援	2008
B	ADHD	女性	41	東京	2017	フリーランス	不明
C	ADHD	男性	不明	埼玉	―	その他	2017
D	ADHD	女性	39	京都	34歳	出版	2017
E	ADHD	男性	不明	不明	21歳	医療・福祉	2016
F	ADHD	男性	不明	不明	2017	教育支援	不明
G	ADHD	男性	44	大阪（出身）	2008	技術サービス	2005
H	ADHD/PDD	女性	53	福岡	45歳	飲食	2012
I	ADD/AS	女性	47	東京	2009	情報通信	1998
J	ASとADHDの中間	男性	45	神奈川（出身）	30才を過ぎてから	ゲーム製作	不明

注）ADDとはADHDの中の不注意優勢型，ASはアスペルガー症候群を指す。なお，AS（アスペルガー症候群）やPDD（広汎性発達障害）は，現在ではDSM-5から自閉スペクトラム症に統合されているが，ここでは文献や記事に記載された症状をそのまま取り上げている。また，診断時期については，資料に明確に記載されていないものもあったため，可能な限り診断時期が推察できる時期を記載している。

　分析ステップは，前述した本調査のテーマに沿い，起業背景と事業展開プロセス（含む診断前後の効果／状況）に焦点をあて，①二次情報のテキスト／ヴァリエーションを抽出し，②それを解釈，コーディング，カテゴリー，概念化し，その繰り返しを，全体の概念が一定程度飽和するまで実施した[注3]。全体の概念図は，図1の通りであるが，起業背景，事業展開プロセス，診断前後の変化，それぞれのテキスト／ヴァリエーション，コーディング，カテゴリー，概念化の詳細記述ならびに表は，紙面の都合上，ここでは省略している。

2．分析結果

　図1は，起業背景，事業展開プロセス，診断効果から抽出した鍵要因を用いて，ADHD起業家の起業行動プロセスの概念を描いたものである。まず，起業背景では，6つの要因が導出された。それらは，「強引／衝動」，「じっとできない／新奇な場の追求」，「共感」，「身近な気づき」，「断りにくい」，「直感で個をいかす」である。そのうち，「強引／衝動」と「じっとできない／新奇な場の追求」は，脱抑制として集約され，「共感」，「身近な気づき」，「断りにくい」は，周囲との関わりや接点という社会性とリンクした概念として整理できたが，これは，後述する診断効果とも強い関係があることをここで指摘しておきたい。

　「直感で個をいかす」は，資質要素のややポジティブな側面が，ややネガティブな側面の「脱抑制」と「起業」という行為を触媒する要因として捉えられた。また，「共感」や「身近な気づき」などの「社会性」も，「脱抑制」という周囲にやや混乱や摩擦を与えるかもしれない点に影響を与え制御しながら，「起業」へ導いていた。直感で動くという資質の特徴と社会性という関与が，調整要因として相互に影響を与える中で，起業というキャリアに結びついていくプロセスが描写されたといえよう。

　次に，事業展開プロセスでは，10人のADHD起業家の記述の中から，「自ら環境を改善」，「周囲と協働」，「こだわりと集中が成果へ」，「好きなことは苦にならない」の4つの要因が抽出できた。なお，前者の2つの要因の前提には，起業後も日常生活や事業展開面において，周囲との摩擦や苦闘は消えることはなく，存在していたことが記述から確認されている。そこに後述する診断という対処が一定の効果を果たすことで，それが自ら環境を改善する契機になったり，周囲と協働する志向性を抱かせることになるなど，環境変化の誘導ににつながったと考え

られる。そして，そこに資質としての「こだわりと集中が成果へ」向かう力となり，また，「好きなことは苦にならない」という特性が，事業を展開させ持続させるプロセスにおいて重要な役割を果たしていくことになったと解釈できた。

　最後に，診断効果についてであるが，そこからは「安堵感と解放感」，「自分との向き合い方の気づき」，「殻を破る」の3要因が抽出できた。ADHDの診断を受けることで，これまで自分で不思議に感じていた周囲との摩擦についての一定の理解が進むとともに，それを個性として受け止められる思考も芽生え，状況を客観視できるようになったと捉えられる。そして，そのことが，自分らしく行動すれば良いという，特性/個性に対する新たな気づきへと向かわせ，殻を破る志向性につながったと考えられるかもしれない。診断による気づきが，起業とその後の事業展開プロセスに影響を与えた可能性は否定できないといえよう。

図1　ADHD起業家の起業行動プロセス：背景，事業展開，診断

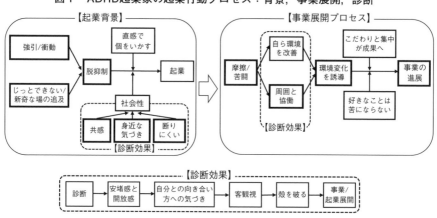

IV. 考察

1. 発見事実

　どういう環境や条件のもと，ADHDの資質が梃となり，起業を軌道にのせ事業を成功に導くのであろうか。その鍵はどこにあるのか。この問いに対して，本調査では，ADHD起業家の背後に隠れた諸要因，すなわち社会環境との営みに

焦点をあて検討を加えた。その結果，先行研究を追試できた点もあれば，未だ，不明瞭な課題も残った。

　本研究からの主要な発見事実の第一は，多くの先行研究が支持するADHD資質は起業や事業創造プロセスに肯定的に働く可能性は高い，という点である。その一方で，その成立には，周辺や社会との調整要因の介入が重要な役割を果たすということで，これが第二の発見事実であった。加えて，この第一ならびに第二の点は，Wiklund et al., (2016) 論文，江島・藤野（2019）論文の中心的命題を概ね支持するものであったことも指摘しておきたい。

　一方，第三の発見事実は，江島・藤野（2019）論文から発展的に得た知見ではあるが，それは，診断という外からの介入が，自己の客観視を通じて，ADHDという個性を発揮できる場としての起業へと向かわせる契機になる可能性を秘めていたことである。

　起業の背景や起業後の事業展開プロセスでは，日常的に，生活やビジネスの両面において，ADHDの資質を背景とする苦闘や摩擦に悩まされるADHD起業家ではあるが，その症状に診断が下りて，謎が解け，生きづらさから少し解放され，個性として，その理解が自身ならびに周辺にも進むことで，その資質が肯定的に向かう可能性が浮き彫りになった点は，記述データが二次情報源で対象者が限定的という調査精度の課題は残るものの，本稿の重要な学術メッセージの1つといえるのではないだろうか。

2．新たな企業家像[注4] の展望

　本論は，従来の企業家研究における企業家の概念に一石を投じる点にも特徴をもつと考える。

　ADHD起業家は，衝動性，多動性，不注意性に代表される資質／要素を特徴とすることから，先が不透明で，不確生が高いことに対して，リスクを厭わず，時に既存の社会や制度にも平常心で果敢に向き合う態度を示す。こうしたある種，特異な思考や行動が，近年の新たな企業家像の議論を発展させる可能性があり，その点への貢献やインサイトを本稿は内包しているといえないだろうか。

　古典的な企業家像は，新結合によって従来とは異なる変化を生むイノベーションの遂行者としてのシュンペーターの考え方／企業家像ならびに，誰もが気づかなかった資源，生産方式，利用されていない機会を見出す能力をもつ機敏な革新

者としてのカーズナーの考え方／企業家像であった。一方，この従来の企業家像の概念を，新たな視点から捉え直し，拡張しようと試みたのが伊藤他（2021）論文である。彼等は，新たな企業家のあり方を，フーコーの議論を援用し，パレーシア企業家という概念として提起した。そこでは，パレーシアとは，自分自身に何か大きな犠牲が生じるかもしれない状況においても，自分が信じる真理に，リスクを負い，覚悟と勇気で，自己の存在をかけて語る行為とされる。その向かう先は，知・権威・常識などの総体としての既存の体制で，それに対して，パレーシアは，自己の主体として異なる真理を語る，とする。一例として小倉昌男をパレーシアの行為者としてのパレーシアステースとして捉え，企業家的真理ゲームで概念の説明を試みている。

　この臆せず一心不乱に自己の信じることに集中し突き進むパレーシア企業家は，ADHD 起業家の行為や生き様にも相通じるところがある。ADHD 資質や症状としての，衝動性や過集中とそこに起因するリスクを厭わない行為が及ぼす起業や事業への影響は，既存や常識を逸脱し，自己が信じる真理を語るパレーシアという行為と強い親和性があるようにみえる。

　ADHD 起業家とパレーシア企業家は，少なくとも従来の企業家像では捉え切れていなかった新しい視点を想起している。従来の資質論，認知論，行為論を超えて，存在論の視点から個人の生き様を捉え，新たな企業家像の役割と意義を問い直す議論の先駆けになっているといえないだろうか。一方で，こうした新たな企業家像の議論は始まったばかりで，十分に検討が進んでいる訳ではない。理論的背景や概念の深耕ならびに実証分析を含めて，研究の前進が待たれるところである。本稿の問題提起が，その契機の小さな一歩になったとしたら光栄である。

　ここでの論考は，あくまでも探索的な調査をベースとしたものであった。調査データは，二次情報源に依存し，分析対象者数も限定的であるなど課題は残った。一方，本稿は，従来の先行研究が見落としてきたADHD 資質が梃になる鍵に注目し，一定の発見事実とインサイトを提起できたことは，部分的ではあるが，本研究フィールドの前進に貢献できたといえるのではないだろうか。今後，ADHD 起業家研究のリサーチデザインの精度を上げ，高い視座と広い視野から分析と考察を深め，新たな企業家像のあり方について，研究を前進させたいと考えている。

〈謝辞〉
　本研究は科研費22k01716の支援を受けている。

〈注〉
1　本稿は，2022年9月25日に東洋大学で開催された第42回中小企業学会全国大会の統一論題セッションで報告した内容をもとに一部修正加筆し記述したものである。
2　本調査の実施に際しては，一部，信州大学の藤野義和准教授に協力を頂いた。ここに記してお礼を申し上げる。
3　方法論の妥当性と信頼性については，例えば，Eisenhard and Graebner（2007），Eisenhardt（1989），田村（2015）を参照のこと。
4　ここでは，「起」業家ではなく，「企」業家を使用している。アントレプレナーシップ論やイノベーション論で参照されるアントレプレナーは広義の意味で「企」業家の訳をつけることが多く，ここでもそれに従う。逆に狭義の意味で使用する場合は，「起」業家として，本稿では使い分けている。

〈参考文献〉
1　伊藤博之・筈井俊輔・平澤哲・山田仁一郎・横山恵子（2021）．「パレーシアステースとしての企業家：小倉昌男にみる企業家的真理ゲーム」『Venture Review』No.37, pp. 11-24.
2　岩波明（2015）『大人のADHD：もっとも身近な発達障害』ちくま新書。
3　江島由裕・藤野義和（2019）「発達障害とアントレプレナーシップ」『Venture Review』No.33, pp.25-39。
4　江島由裕（2018）『小さな会社の大きな力:逆境を成長に変える企業家的志向性（EO）』中央経済社。
5　司馬理英子（2009）『ADHD注意欠陥・多動性障害の本』主婦の友社。
6　立入勝義（2017）『ADHDでよかった』新潮新書。
7　田村正紀（2015）『経営事例の質的比較分析』白桃書房。
8　備瀬哲弘（2013）『ちゃんと知りたい　大人の発達障害がわかる本』洋泉社。
9　星野仁彦（2017）『発達障害に気づかない大人たち』祥伝社。
10　Antshel, K. M.（2018）"Attention Deficit / Hyperactivity Disorder（ADHD）and Entrepreneurship," *Academy of Management Perspectives*, 32(2), pp. 243-265.
11　Barkley, R. A., Fischer, M., Smallish, L., and Fletcher, K.（2006）. "Young Adult Outcome of Hyperactive Children: Adaptive Functioning in Major Life Activities," *Journal of the American Academy of Child & Adolescent Psychiatry*, 45(2), pp. 192-202.
12　Bozionelos, N., & Bozionelos, G.（2013）. "Attention Deficit / Hyperactivity Disorder at Work : Does it Impact Job Performance?" *Academy of Management*

Perspectives, 27(3), http://dx.doi.org/10.5465/amp.2013.0107.

13　Eisenhardt, K. M. (1989). "Building Theories From Case Study Research," *Academy of Management Review*, 14(4), pp. 532-550.

14　Eisenhardt, K. M., and M. E. Graebner (2007) "Theory Building from Cases : Opportunities and Challenges," *Academy of Management Journal*, 50(1), pp. 25-32.

15　Greidanus, N. S., and C. Liao (2021) "Toward a Coping-Dueling-Fit Theory of the ADHD-Entrepreneurship Relationship : Treatment's Influence on Business Venturing, Performance, and Persistence," *Journal of Business Venturing*, 36(2), 106087. https://doi.org/10.1016/j.jbusvent.2020.106087.

16　Halbesleben, J. R., Wheeler, A. R., and Shanine, K. K. (2013). "The Moderating Role of Attention-Deficit/Hyperactivity Disorder in the Work Engagement—Performance Process," *Journal of Occupational Health Psychology*, 18(2), 132–143.

17　Knight Frank, H. (1921). Risk, uncertainty and profit. книга.

18　Nadeau, K. G. (2005). "Career Choices and Workplace Challenges for Individuals with ADHD," *Journal of Clinical Psychology*, 61(5), pp. 549-563.

19　Tucker, R., L. Zuo, L. D. Marino, G. H. Lowman, and A. Sleptsov (2021) "ADHD and Entrepreneurship : Beyond Person-Entrepreneurship Fit," *Journal of Business Venturing Insights*, 15, e00219. https://doi.org/10.1016/j.jbvi.2020.e00219.

20　Wiklund, J., Patzelt, H and Dimov, D. (2016) "Entrepreneurship and Psychological Disorders: How ADHD can be Productively Harnessed," *Journal of Business Venturing Insights*, Vol.6, pp.14-20.

コロナ禍と中小企業の採用

—「KOBE採用イノベーションスクール」の実施からみる成果と課題—

武庫川女子大学　山下紗矢佳

1．研究の背景と問題意識

　新型コロナ感染症（以下，コロナ）拡大による行動制限を受け，中小企業は採用活動を見直す必要に迫られた。しかし中小企業の採用に関する研究は十分に進んでおらず，有効な対処方法に基づく採用活動の見直しはなされていない。全国中小企業家同友会によれば，2012年以降中小企業において人手不足が続いている（全国中小企業家同友会，2022，pp.12-15）。調査に携わる兵庫県中小企業家同友会の会員企業でも同様に慢性的な人手不足状態にある。ここでは経営課題への対策について調査しており，「人手不足」を経営上の課題と認識する一方で，会員企業の約7割は課題解決に取組んでいない（兵庫県中小企業家同友会経営環境改善委員会，2022）。経営資源の乏しい中小企業では，本来自社の求める人材像が不明確あるいは思い込みのまま採用活動を実施しており，人材の獲得・定着が難しいケースが少なくないと考える。

　本研究では，中小企業の主体的な採用活動の促進を図るために，中小企業向けの採用力向上プログラム「KOBE採用イノベーションスクール」を開発し，中小企業の採用力向上の手法について考察する。

2．中小企業の採用を捉え直す視座

　中小企業研究における「採用」研究の位置づけを明らかにする。これまで4回に亘り刊行された『日本の中小企業研究』では，採用に関する研究は主に「中小企業と雇用・労働・労務」と「中小企業と経営管理」に位置する。タイトルに「採

用」を含む文献数は，中小企業事業団・中小企業研究所編（1985）で0件，中小企業事業団・中小企業研究所編（1992）で0件，中小企業総合研究機構（2003）で23件，中小企業総合研究機構（2013）で27件であった。

　これまでの中小企業研究において，人材に関する研究は中小企業の問題性に起因する「雇用・労働・労務」の視点が中心であった。中小企業の人手不足問題に対し示されてきた結論は，労働条件の改善（賃金や福利厚生等），経営者の意識改革（経営理念やCI活用等），多様な人材（外国人・シニア・女性）の導入が中心である。「採用」以外に「雇用」「人材開発」など関連する研究はなされてきたが，林（2013）は，中小企業の人材に関する研究は「やや沈滞気味」と指摘する。つまり中小企業が主体となり戦略的に人材を確保・育成していくプロセスに迫る研究は少なく実践的な手法の確立に至っていない。

　「採用」に関する研究は，日本では人的資源管理研究の一部分として発展し，欧米では主に募集に焦点が置かれたリクルートメント研究として発展してきた。日・欧・米の研究を踏まえ，服部・矢寺（2018）は採用を「候補者の意思決定に影響を及ぼす組織側の施策・活動であり，募集から選抜を通じて雇用に至るまでの一連の活動」とし，採用活動には(1)募集，(2)選抜，(3)定着の3段階があるとする。武石・高崎（2020）は採用に関して，募集段階のゴールは採用候補者集団の形成であり自社に必要な人材が含まれるように募集方法を工夫する必要があると指摘する。企業の戦略として募集活動を行う必要性を指摘するDineen and Soltis（2011）は，誰をいつ募集するのかを明らかにするターゲティング戦略に加え，どこでどのように候補者へ接近するのかを明らかにするメッセージ戦略の2点を設計する必要があると指摘する。

　そもそも日本企業は企業活動における採用活動の優先度が低い（服部・矢寺，2018）。一部の大企業の場合，日本経済団体連合会の示す「採用選考に関する指針」を受け採用活動を見直すことがある。人材の採用が相対的に困難な中小企業では，採用活動の見直しの必要性を感じていたとしても，自社の経営課題と認識される度合いは低い（全国中小企業取引振興協会，2016）。コロナ禍において，中小企業は採用活動の見直しをしようとするが，社内に採用活動に関するノウハウの蓄積はほとんど無く，戦略的な採用候補者集団の形成ができず，従来通りや勘に頼った採用活動を続け，中には問題を先送りしているケースがある。

　以上のレビューを踏まえ，中小企業に直接アプローチをし，採用活動で抱える

課題等を確認しながら，中小企業向けの採用力向上プログラム開発をする。ここでは「採用力」を「自社の採用環境を踏まえ，効果のある採用手法やインターンシップを中小企業が自ら開発し実施する力」と定義する。とりわけ，採用活動における「募集」段階での採用候補者集団の形成に焦点を当てる。中小企業が自社の魅力を再考し，自社の求める人材に対して自社の情報を伝え，採用候補者集団を形成していく，こうした一連の流れを自社で実践できるようなプログラムの開発を目指す。

3．中小企業の採用力向上を目的とするプログラム開発

3.1．方法としてのアクションリサーチ
中小企業の採用力向上プログラムを開発するにあたり，アクションリサーチの手法を活用する。アクションリサーチは，研究者が場に関わりながら場全体を能動的に捉え，実践の計画・実行・観察・省察のサイクルを循環させ実践と研究を相互に改善していく研究手法（Schwandt，2015，p.2）であり，自身が開発した教育プログラムの改善に重要（岩田他，2014）な手法である。

筆者と研究協力者やプログラムで講師をする実践者らが同等の立場で研究に参加し，課題設定，計画の作成・実施，評価の全プロセスにおいて共に意思決定を共有しながら進めるミューチュアルアプローチ（Holter & Schwartz,1993）に基づくアクションリサーチである。

3.2．分析対象
プログラム名を「KOBE採用イノベーションスクール」（以下，KOBEスクール）とした。ここでは2021年度に実施した第1期KOBEスクールを対象に，(1)プログラム開発期，(2)学内外での調整期，(3)プログラムの効果検証期，の3つのプロセスに分けて分析をおこなう。

3.3．筆者及びステークホルダーの関係と役割
筆者は2019年以降，経済団体である兵庫工業会とともに，中小製造業を中心に多様な人材の登用を前提にモノづくり未経験人材の定着に向けた研究を進めてきた。ここでは「業務仕分」という手法を取入れ，中小製造業の経営者や人事・製

造現場の担当者が認識をすり合わせ，多様な人材を製造現場へ登用していくためのプロセスを明らかにした（山下，2020）。しかし，知名度の低い中小製造業では「多様な人材を採用したくとも，そもそも応募が少ない」という採用候補者集団の形成に対する課題があった。そこで募集から定着までの一連の流れを踏まえた地域での採用の手法を探るために，COC＋事業で高い評価を受けた「TOYAMA採用イノベーションスクール」（以下，TOYAMAスクール）を実施する富山大学地域連携推進機構にて調査を試みた。調査を重ね同大の研究者らから協力を得てノウハウ・技術移転を進められることになり，神戸の地域性に即した形でプログラムの開発を試みようと考えた。そこで本プログラムを開発するにあたり筆者が研究代表を務め，TOYAMAスクールに携わった経験のある研究者5名が実施アドバイザーを務めるということで役割分担を行った。

表 1　筆者とステークホルダーの所属機関・役職・主な役割の一覧

ステークホルダー	所属機関及び役職（当時）	主な役割	ステークホルダー	所属機関及び役職（当時）	主な役割
筆者	武庫川女子大学経営学部講師	研究実施・総括	L	兵庫工業会幹部職員	実施サポート 受講者募集・PR・フォロー
A	武庫川女子大学経営学部教授（元富山大学理事・副学長）	事業総括	M	兵庫工業会幹部職員	
B	富山大学地域連携推進機構 地域連携戦略室特命准教授	実施アドバイザー・講師	N	兵庫県職員	
C	富山大学地域連携推進機構 副機構長	実施アドバイザー	O	民間企業本社事務局社員	受講生
D	富山大学経済学部教授	実証研究協力・講師	P	民間企業本社事務局管理職	受講生
E	兵庫県立大学大学院 経営研究科教授	実証研究協力	Q	民間企業管理部社員	受講生
F	大学准教授	講師（採用学）	R	民間企業企画部管理職	受講生
G	大学講師	講師（広告・デザイン）	S	民間企業総務課社員	受講生
H	大学教授部局長クラス相当	大学関係者	T	民間企業代表取締役	受講生
I	神戸市幹部職員	実施サポート 受講者募集・PR・フォロー	U	民間企業取締役副社長	受講生
J	神戸市職員		V	民間企業総務グループ社員	受講生
K	神戸市職員				

（出所：筆者作成）

　プログラムで設定する講義では人的資源管理を専門とする研究者，広告・デザインを専門とする研究者を講師として選定した。また兵庫工業会に対して，前述の研究の発展に必要な研究であることを説明し，共催の承諾を得て受講生の募集等で協力を依頼した。研究助成元である神戸市からは，富山大学の研究者らとの横断的な連携体制に基づく研究遂行能力が評価され，スクールの実施において全面的に協力を得られることとなった。また，求職者となりえる学生の視点を活用した取組を進めるために，スクールを筆者の所属する学内で実施するため学内関係者に働きかけをおこなった。なおプロセス分析は個人情報の保護を配慮し，ステークホルダーの個人名を匿名とする（表 1 ）。

4．結果

4.1.　⑴プログラム開発期のプロセス分析

4.1.1.　プログラムの技術移転と実施にあたる 3 つの課題

　TOYAMAスクール発足のきっかけは，富山県内の中小企業が同県の地方銀行へ採用活動の相談を持ちかことから始まった。しかし銀行は具体的な解決策を提案できず，銀行は富山大学に相談を持ち掛けた。当初は大学を通じて銀行の推薦する企業情報を学生へ発信し，企業と学生とのマッチングを促進する採用支援をおこなっていたが，期待する成果は得られなかった。その後TOYAMAスクールは富山県等の協力を受け，費用負担を含む機能分担を行い，今の形式に近いワーク重視型のスクールへと発展した。同大での調査からこのノウハウを兵庫の地で筆者が実施していくには，①プログラム開発，②協力者（団体）の存在，③研究費の確保，に課題があることが分かった。

4.1.2.　3 つの課題に対する対応

　①プログラム開発において重視したのは，座学（講義）を実践（ワーク）に即移せる仕組である。TOYAMAスクールは全 8 回程のプログラムで構成されているが，中小企業研究をする筆者は「*中小企業の人事担当者が 8 回もセミナーに参加できるのか？募集要項を見て参加を見送るのではないか？*」と疑問を感じた。一般に中小企業では 1 人が従事する業務の幅が広いため，セミナー自体が受講生の過度な負担となれば受講生が集まりにくい。TOYAMAスクールは金融機関の

後押しがあるため受講生が集まりやすい状況であった。筆者はKOBE採用スクールの受講生募集に対し自信を持てなかった。そこでカリキュラムの取捨選択を行いKOBE採用スクールは全5回の開催で計画を立案することにした。

実施回数を少なくする分，受講生の学びの定着と実践に移す力が重要になると考え，次の2点を重視することにした。ひとつは岩木他（2019）の「想起の学習促進効果」を狙い，1回のプログラムの中で講義とワークショップを交互に実施する。この場限りの知識の習得で終わらせることなく，スクール終了後も受講生が自社で採用活動を企画・立案・実践し採用につなげる学びの獲得を目指す。もうひとつはLave & Wengerの「状況的学習」を狙い，受講生同士や学生との対話の場を設定する。周囲の影響を受けて学びあえる協働学習は他の受講生や学生からのフィードバックを得て採用を見つめ直す学習の機会となることが期待されるからである。対話ではカウンセリングのノウハウを活用しようと考え，日本キャリア開発協会認定のインストラクターの資格を持つBに指導を依頼した。

プログラムのゴールは，スクールで学んだ手法を用いてインターンシップ募集のためのポスターを作成することにした。Fから早期段階での求職者（学生）との接触の機会創出が重要であることを教わったためであり，かつ採用活動本番での大きな失敗を回避できるように考えた。ポスター制作ではGの指導のもと，ワンビジュアル・ワンコピーでステートメントを作ることにした。各回のプログラムとねらいは表2を参照のこと。

②協力者（団体）の存在は，兵庫の地域金融の特徴[注1]から，富山と同様に兵庫の地方銀行から協力を得るのは簡単ではないと考えた。そこでL，Mに協力を依頼し兵庫工業会の共催を得て受講生募集をおこなった。兵庫工業会の会員企業は製造業が中心である。兵庫県は産業構造上，製造業のウェイトが全国平均よりも高く（兵庫県, 2019），地域雇用を巡る課題解決を図るには適切な協力者となった。Jは以前交換研修で兵庫県工業課に在籍していた。当時，JとL，M及び筆者は前述の研究で中長期的な交流があった。本研究は既存研究の延長線上に位置しており，神戸市や兵庫工業会から円滑な協力を得られ受講生募集を行うことができた。

③研究費の確保については，複数回にわたるワーク重視型のスクールを実施できるような研究費の捻出が課題であった。コロナ禍ということで，人の集まる場の創出が難しい状況であったが，「Withコロナ時代とポストコロナ時代を見据え

表 2　第 1 期KOBE採用イノベーションスクールのプログラムの詳細

時期	時間	方法	内容	ねらい
2021年 10月 中旬	第1回 14：00- 17：30	講義 対話 ワークショップ	・開講式 ・神戸の人の流れの現状 ・採用に関する理論 ・個人と組織	採用の基本的な理論と手法に関する内容を中心とする。これまで思い込みや勘でおこなわれてきた採用を見直し，科学に基づく採用について学ぶ。
10月 下旬	第2回 14：00- 17：30	講義 対話 ワークショップ	・ジョブ理論 ・人材マネジメントの基本 ・ワークショップ	ジョブ理論を用いて「顧客が解決したいこと」を解決する手法について学ぶ。ここでは，各社の採用のターゲットを「顧客」として思考していく力を習得する。
11月 中旬	第3回 14：00- 17：30	講義 対話 ワークショップ	・デザインとコミュニケーション ・デザインによる解決・発見する力	コミュニケーションをデザインする思考方法について学ぶ。このねらいは，第1回〜第2回で学んだ内容を最終成果物として具現化していくために，「デザインの力」を学ぶことで「誰に」「何を」「どう」伝えるのかを思考することにある。この後，インターンシップまたは採用向けのポスターの作成に進む。
11月 下旬	第4回 14：00- 17：30	講義 対話 ワークショップ	・採用ポスターの中間発表 ・学生との意見交換 ・選抜と業績（パフォーマンス） ・自社の採用ツールの評価 ・面接のデザイン	第1回〜第3回で学んだ手法を用いて作成したポスターの中間発表をおこなう。ポスター制作では，広告の分野でしばしば用いられる「ステートメント」を表現する手法を用いる。中間発表では，インターンシップまたは採用の主な対象となりえる学生10名による投票と意見交換をおこなう。採用ツールの評価等を学び，これまでの自社の採用に関する取組についての検証をおこなう。
12月 中旬	第5回 14：00- 17：30	対話 ワークショップ	・成果物に関する指導 ・意見交換	他の受講生や関係者との意見交換等を交えながら，ポスターのブラッシュアップと意見交換をおこなう。
12月 下旬	第6回 14：00- 17：30	講義 対話 ワークショップ	・地方創生と採用 ・採用ポスターの最終発表会 ・ポスターセッション ・修了式	地域の雇用の現状と課題をふまえつつ，採用イノベーションスクールによって地域や企業にもたらされる期待について触れる。さらに成果物の最終発表会をおこない，中間発表の際のポスターとの比較をおこなう。修了式を行い修了証書を授与する。

（出所：筆者作成）

た課題への対応」を支援する神戸市の研究助成の情報をHから得た。その後J，K，L，M，Nと複数回にわたり打合を重ね，念入りに計画を策定し研究助成を採択することができた。

4.2.　(2)学内外での調整期：協力的な外部組織と関心の薄い内部組織
研究費の採択が決まりスクールの実施に向けて本格的に学内外の調整をおこ

なった。神戸市や兵庫工業会をはじめとする学外の団体組織との調整はスムーズに進めることができた。開講式や修了式ではＩとＬに挨拶を依頼し快諾を得られ，スクールでは職員が毎回サポートに来てくれることになった。各プログラムの講師の選定や調整はスムーズに進んだ。プログラムで講義を担当するＦは神戸在住の研究者である。これまで神戸で自身の研究を実践に結びつける機会が無かったということで，今回の打診を快く受け入れてくれた。別の講義を担当するＤ，Ｇは学生時代を神戸で過ごした経験があり今回の打診を快く受け入れてくれた。

スクールの主催及び会場となる学内調整はやや難航した。筆者の所属する経営学部は2020年に発足した学内初の社会科学系学部であり，教育・研究に関する成果の蓄積が少ないことが背景にあると考える。大学としては近年，自治体や各経済団体との地域創生に係るような包括連携協力の締結等を進めているが，地域の産業振興や地域雇用の促進に関する具体的な取組は途上にあるといえる。とりわけ知名度の低い中小企業に関わる研究となれば学内関係者の関心は高くない。学外関係者との温度差を感じた。しかしCOC＋事業の経験のあるＡや企業経営経験のあるＨに働きかけ理解を得ることができ実施体制を構築していった。

4.3. ⑶プログラムの効果検証期：対話の活用とポスター制作を通して見えた中小企業の採用活動における思い込み

プログラムの特徴である「対話」では，オープニング，ワークショップ，クロージングそれぞれで全員が必ず発言する機会を設定し，受講生・講師・筆者間のコミュニケーションを促す（表3）。Ｂがファシリテーターをして，筆者とＡは受講生と同じ立場で対話に参加した。全てのオープニングで，筆者またはＡが必ず最初に発言するようにした。発言の内容はかたくならないように，時には冗談めいた発言を取り入れ，その後に続く受講生が発言しやすい空気感をつくることを意識した。

初回では，受講生の申込時の情報に基づき２グループに分け座席配置をした。男女比をある程度分散させること，経営者同士を同じグループにすること，同企業からの参加者同士は同じグループにならないようにした。初回のオープニングでは自己紹介と抱負を述べる内容とした。多くの受講生は緊張の面持ちでありながら前向きな発言をしていたが，Ｔは「*今回，兵庫工業会さんに誘われて受講することにしましたが，こういうセミナーや勉強会はたくさんあって正直期待して*

いない」と後ろ向きな発言をし場を凍らせた。2回目以降，Uを含めた受講者の
モチベーション低下を防ぐため，また受講者同士の繋がりを強化したいと考え，
初回の終了時にSNSのグループチャットを作ることを提案した。以降は事務連絡
等を含め，SNSでのカジュアルなコミュニケーションを図ることにした。

　2回目は初回同様に受講生を2グループに分け着席を促した。初回でにぎやか
に場を盛り上げていたOとQのグループにTを入れることにした。2回目以降の
オープニングでは公私を含む近況報告などを中心に話すように対話を設定した。
TはOとQのペースに引き込まれたように見えた。3回目以降もこれまでと同様
に受講生同士の雰囲気などを考慮してグループ分けをおこなった。多様な意見・
感覚・体験を持つ他者との対話機会の意図的な設定は対話を増進させる（多田，
2018，p.62）ため，受講者同士の接点を多く取れるようにグループ分けや座席の
配置を工夫した。4回目では学生10名に参加してもらい，社会人（受講生・講師・
関係者）と学生とを区別し，受講生が作ったポスターを見せて「心が動いたポス
ター」に投票をおこなった。投票の結果，社会人と学生とでは評価が明確に分か
れた。投票の後，学生と受講生との意見交換の場を設定し，受講生が学生目線の
気づきを得ることを促した。

表 3　プログラムの時間配分の目安

目安の時間配分（分）	内容	詳細	主な担当者
30	オープニング	オリエンテーション	筆者 /A
		チェックイン（自己紹介・抱負・近況報告等）	B
50	講義・ワークショップ	各講師による講義・ワーク	D/F/G
10	休憩		
50	講義・ワークショップ	各講師による講義・ワーク	D/F/G
10	休憩		
30	ワークショップ	講義を踏まえたワークショップ	B
45	クロージング	ハーベストタイム（感想・学び・生かせること，一緒に学んだメンバーへの一言等）	B
		事務連絡	筆者 /A

（出所：筆者作成）

　5回目のワークショップは計画当初設定されていなかった。想定以上に受講生

がポスターづくりに苦戦をしていたため急遽設定した。ポスターの目的は単にビジュアルの良いものを作ることではなく，自社の魅力について「誰に」「何を」「どう」伝えるのかを思考しステートメントを作り上げることである。受講生は自社に対する思い込みの認識をリセットする必要があり，この作業が大きな壁となった。当初の計画には無かった回であるため，都合をつけにくい受講生がいた。そこで対面参加を推奨しつつオンラインとの2パターンの実施方法を設定した。対面参加をしたのはS，T，Vであった。SとVは受講生のなかでは比較的年齢が若く社歴が浅い。会社に染まり切っていないためか，初回から学びを素直に吸収している様子であった。Tは社長業の傍ら多忙な合間を縫って会場に駆け付けた。Tはしばらくすると筆者や講師陣，受講生に対して，事業承継後の苦労や社内での出来事を話し始めた。心を開きつつあるTの様子をその場にいたメンバーは受け止め会話を続けた。和やかな雰囲気が形成されS，T，Vは講師の帰るギリギリの時間まで共に制作にあたった。

　6回目では，ポスター発表とフリートークの時間を設け修了式をおこなった。終了後にスクールに関する満足度・理解度アンケートを実施した。アンケート結果はほぼすべての回で満足度・理解度ともに高い結果であった。受講生の感想は主に対話に関する視点と採用に関する学びの視点があった。

　対話について，「*先生のお話はスッと入ってきやすく，毎回のご夫婦のお話はほほえましく感じました。先生のお話のおかげで緊張が和らぎました（P）*」，「*毎回のオープニングやディスカッションなど，他の受講生の意見やお話が興味深く大変勉強になりました（U）*」等の意見があった。すなわち対話重視の形式を採用することで，リラックスした雰囲気のなかで学びあうことができたと考えられる。またやらされ感のある勉強とは違い，受講生は対話を楽しみのひとつと認識しスクールに通うようになっていた。人間関係の構築が全6回にわたるスクールでの受講者の離脱を防ぐことに効果を発揮したと考える。

　採用については，「*これまで，感覚，見よう見まねで行っていた採用活動を理論に基づいて実践するきっかけを与えていただいた。ポスター制作のおかげで端的に伝える方法を学ぶことが出来た（S）*」「*採用活動で必要なコミュニケーションや伝え方を学ぶことができた。自社の価値が（求職者に）伝わるものになった気がする。（U）*」「*会社のことをじっくり考える期間を持てたことがとても貴重だった（V）*」と，満足度の高い意見で一致した。一方で，「*担当者だけでなく，*

上司や経営陣にそれを伝えていかないといけないなと課題を感じる（S）」、「採
用を見直していきたいが，社内には理解者が少ない。ここでは同じ立場としてい
*ろんな意見交換をできてよかった（T）」*の意見にあるように，自社で採用活動を
見直し実践していくにあたっての人的あるいは組織的な障壁があることが伺える。

5．研究のまとめ

5.1．中小企業の採用力向上に重要な視点

　本論では中小企業における採用の理論的視座から中小企業向け採用力向上プログラムの開発においてアクションリサーチを用いて分析的記述を論じてきた。ここでは，これまでの分析的記述から得られる発見事実の整理と中小企業の採用力向上に必要な要素について考察する。

　第1の発見事実は，中小企業の採用力を向上させるには，採用活動の募集段階の初期において，自社の魅力を再認識する過程が必要であるということである。ポスター制作は学びの見える化の役割を持つ。受講生は講義を聞いて頭では理解しているつもりになっても，自社事になったときに成果物として表現することが困難であった。スクールで他者と対話をする中で，自社では当たり前と思い魅力と感じていなかった点を，自社の魅力であると認識することができた。成果物作成に関していえば，企業活動において採用活動は社内での評価が低く，採用活動の見直しは社内からの理解を得にくい。したがって，目で見て変化が分かりやすい成果物を作成することは，社内での理解や同意を得やすいツールとなり，受講生からのスクールに対する満足度を高めたと考える。

　第2の発見事実は，対話が可能な場の創出が中小企業の学びの促進に貢献をする。本スクールは教育学やキャリア支援で用いられる「対話的学び」を全面的に取り入れてプログラムを構築した。人的資源管理の研究者や広告・デザインの研究者による講義を取り入れたが，「今日学んだことを各社に持ち帰って各社でやってください」では採用力向上には繋がらない。受講生が講義の知識を獲得し，自社なりにどう考えどう行動するかを思考していくプロセスにおいて他者と対話をする。そうすることで新たな視点が取り入れられ，その結果が成果物に反映される。つまりKOBE採用スクールはこうした一連のプロセスを提供する場として機能した（図1）。

さらに「採用力向上」という視点では，各社での実践力を高めることを重視した。前述の受講生の発言に「*これまで，感覚・見よう見まねで行っていた採用活動を理論に基づいて実践するきっかけを与えていただいた。(S)*」とあったが，ここでいう「理論」とは，プログラムで重視してきた「対話的学び」から得られた「自社で考える力」であると考える。講義では採用について「募集」「選抜」「定着」のそれぞれの観点から学びを提供したが，成果物作成において受講生に考えさせたポイントは極めてシンプルで，自社について「誰に」「何を」「どう」伝えるのかのみである。すなわち，理論としての「正解」というより，現実の社会となる各社で成立する「成解」（岡田，2008）の追求が，中小企業の採用力向上に必要とされる考え方となる。

図 1 KOBE採用イノベーションスクールでの中小企業の採用力向上のプロセス

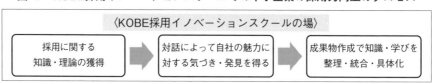

（出所：筆者作成）

第3の発見事実は，中小企業の採用活動の見直しや採用力向上の必要性について，身近なヒト・組織がネガティブな反応を示すことである。受講者のUは代表取締役であるが社長歴は浅い。社内では創業者で会長の影響が強く変化を拒む古参社員が多いため採用活動の見直しについて理解や同意を得られにくい。人事担当をする他の受講生も採用活動の見直しについて経営層への説明が課題であると感じていた。中小企業の経営課題への取組は，最も身近なヒト・組織によって阻害される可能性がある。中小企業での新たな取組を促進するためには，プログラムを提供する側は受講生の学びを見える化できる形で支援していく必要があることが分かった。

5.2. 残された課題

中小企業における人手不足問題について，これまで解決の糸口が見つからなかった要因は，中小企業分野における採用に関する研究の蓄積の少なさと，中小

企業自身が経営課題である人手不足に対する課題解決を先送りにしていることが分かった。コロナによって中小企業が採用活動を見直そうとしているこの機会に，中小企業向けの採用プログラムの開発と検証をおこなった。しかし第1期KOBEスクールを実施した時期は2021年10月〜12月であるため，新卒であれば「採用」の効果検証を行うのは2023年3月卒以降となる。2022年度には第2期KOBEスクールを実施し，新たなプログラムを取入れ検証している。引き続き研究を発展させつつ残された課題を明らかにしていくこととする。

〈謝辞〉

　本研究は，2021〜2022年度神戸市「大学発アーバンイノベーション神戸」研究助成事業に採択された研究「中小企業におけるダイバーシティを前提とした採用力向上に向けた研究」（課題番号：A21103）（研究代表：山下紗矢佳）による成果の一部である。神戸市及び研究協力をいただいた（公社）兵庫工業会の皆さまには厚く御礼を申し上げます。

〈注〉
1　全国平均より「地方銀行」のシェアが低く「信用金庫」のシェアが非常に高い。信用金庫数は全国4番目に高い。詳細は山下（2021）参照のこと。

〈参考文献等〉
1　Atrill, P., Omran, M. & Pointon, J.（2005）"Company Mission Statements and Financial Performance," *Corporate Ownership & Control*, 2（3），pp.28-35.
2　中小企業事業団・中小企業研究所編（1985）『日本の中小企業研究』有斐閣.
3　中小企業事業団・中小企業研究所編（1992）『日本の中小企業研究1980-1989』同友館.
4　中小企業家同友会全国協議会（2022）「同友会景況調査報告（DOR）」No.141.
5　㈶中小企業総合研究機構（2003）『日本の中小企業研究1990-1999第1巻成果と課題』同友館.
6　㈶中小企業総合研究機構（2013）『日本の中小企業研究2000-2009第1巻成果と課題』同友館.
7　Dineen, B. R. & Soltis, S. M.（2011）"Recruitment: A review of research and emerging directions," in Zedeck, S.（ed），*APA Handbook of Industrial and Organizational Psychology*, American Psychological Association, pp.43-66.
8　服部康宏・矢寺顕行（2018）『日本企業の採用革新』中央経済社.
9　林伸彦（2013）「中小企業と経営管理」㈶中小企業総合研究機構『日本の中小企業

研究2000-2009第1巻成果と課題』同友館, pp.205-222.

10　兵庫県（2019）「ひょうご経済・雇用活性化プラン（2019-2023年度）」.

11　兵庫県中小企業家同友会経営環境改善委員会（2022）「兵庫同友会NTレポート」第52号.

12　Holter, I. M. & Schwartz-Barcott, D. (1993), "Action research: What is it? How has it been used and how can it be used nursing?", *Journal of Advanced Nursing*, 18 (2), pp.298-304.

13　岩木信喜・髙橋功・田中紗枝子・山本奨（2019）「対話的な学びに伴う「想起」の学習促進効果─教育実践への応用に向けて」遠藤孝夫編著『「主体的・対話的で深い学び」の理論と実践』東信堂, pp.58-77.

14　岩田昌太郎・齊藤一彦・前田一篤・山木彩加・手島祥平・中山泉（2014年3月）「修士課程段階におけるアクションリサーチ型実習の効果に関する事例的検討─保健体育科実習生の授業についての知識と教授方法の変容に着目して─」『学校教育実践学研究』第20巻, pp.141-151.

15　Lave, J. & Wenger, E. (1991) *Situated Learning: Legitimate Peripheral Participation.* Cambridge: Cambridge University Press.（佐伯胖訳〔1993〕『状況に埋め込まれた学習：正統的周辺参加』産業図書）.

16　岡田憲夫（2008年4月）「生き生きと生きる地域：主体的に生きるとは」『RIIM report』第6号, pp.7-11.

17　Schwandt, T. A. (2015) *The SAGE Dictionary of Qualitative Inquiry*, Edition4, SAGE Publications, pp.3-4.

18　多田孝志（2018）『対話型授業の理論と実践：深い思考を生起させる12の要件』教育出版.

19　武石恵美子・髙崎美佐（2020）『女性のキャリア支援』中央経済社.

20　山下紗矢佳（2020年10月）「中小製造業における女性就業促進の取組と意義─兵庫県下の中小製造業の事例より─」『商工金融』, pp.48-62.

21　山下紗矢佳（2021）「地域金融と地域中小企業の取組」佐竹隆幸・田中敦編著『中小企業金融と地域経済：兵庫県150年の地域金融』同友館, pp.252-292.

22　全国中小企業取引振興協会（2016）『平成26年度中小企業の情報利活用に係る実態調査報告書』.

（査読受理）

自 由 論 題

自営業者のバーンアウトと個人的企業家志向性

東洋大学　山本　　聡
福岡女学院大学　藤村まこと

1．問題意識と本論文の貢献

　本論文の目的は日本の自営業者のバーンアウトの決定要因を明らかにすることである。本論文の独自性は，国内自営業者を対象にバーンアウト研究とアントレプレナーシップ研究の接続を企図し，個人的企業家志向性（IEO：Individual-level Entrepreneurial Orientation, De Jong et al., 2015）を説明変数にすること，中小企業の被雇用者との比較すること，の二点である。自営業者とは「自ら事業を営む」という働き方を選択した人々のことで，広義には中小企業経営者や起業家も含む。自営業者は一国全体および地域の経済・雇用の基盤と言える。よって，「自営業者がどのように働いているのか」，「被雇用者の働き方とどのように異なるのか」といった問いへの解答は中小企業経営論や中小企業政策の関心事項とされてきた。既存の自営業者の職務満足が高ければ，後に続く起業家が現れやすくなる。そのため，地域あるいは一国全体の開業率が向上することになる。その先には経済成長や社会変容が現出するだろう。こうした論理に基づけば，自営業者や起業家の職務満足に関する研究は，学術的にも社会的にも意義がある。

　実際に，自営業者や起業家の職務満足に関する研究や調査は数多く存在する。例えば，小規模企業白書2020年度版では自営業者の仕事・生活に関する満足度，すなわち，職務満足の程度が被雇用者と比較されながら提示されている。一方，全ての就業者は職務満足と対局するかたちで，ストレッサー（Stressor）を有する。これは自営業者も同様である。ストレッサーとは，就業者が「就業状況ないし体験に関し，それらが自身にとって，有害か否かを評定」した上で，「有害と評定された就業状況ないし体験」のことである（小杉・大塚，1999，p.63）。就

業者はストレッサーを一定程度，蓄積することで，自営業者・被雇用者の別なく，ストレス反応としての「バーンアウト（Burn out：燃え尽き症候群）」を引き起こすことになる。そして，バーンアウトの延長線上には，身体的・肉体的疾患，あるいは過労死や自死といった負の事象が生じることになる。

　自営業者は被雇用者と比べて，就業時間や就業場所の自由が効くとされている。そのため，自身の就業に関するストレッサーを対処方略（Coping）しやすいと考えられている。一方，自営業者は被雇用者とは趣を異にする種々の就業環境や就業体験に相対しなければいけないとも言える。例えば，自営業者には長時間労働が生じやすかったり，同僚がいないため孤独感を抱きやすかったりする。また，公私の境界が不明瞭になるし，自社の経営業績と自身の生活の良し悪しがより深く結び付くことにもなる。厚生労働省『平成29年度　過労死等防止対策白書』では，自営業者の業務関連のストレッサーや悩みの実態を解明する必要性が指摘されている。当該白書では，少なくない数の自営業者が自社の「今後の事業展開」や「売上・業績，資金繰り等」といった，被雇用者とは異なる特有のストレッサーに直面し，バーンアウトを起こしていると示唆されている。

　それでは，自営業者のバーンアウトの高さ/低さはどのように決定されるのだろうか。本論文の主たる問題意識はこの問いにある。中小企業経営論，そしてアントレプレナーシップ研究の文脈から，自営業者のバーンアウトを論じた研究は国内外でいまだ少ない。特に日本の自営業者を対象にした研究は希少である。以上より，本論文では，IEOと企業家的ストレッサーというアントレプレナーシップの正と負の両面（Lerman et al., 2021）に着目して，自営業者のバーンアウトの決定要因を分析する。

2．既存研究の整理と仮説

　バーンアウトとは職務上のストレス症状であり（久保，2007），就業者の業務パフォーマンスと関連付けられる代表的な概念・尺度の一つである（Maslach and Leiter, 2008）。バーンアウトは，感情的疲弊感（Emotional Exhaustion），冷笑的態度（Cynicism），職務効力感（Professional Efficacy）の減退の三つの要素から構成されている。Freudenberger（1974）は米国の無料診療所や治療共同体といった過酷な職場の被雇用者が往々にして，ストレス症状から「うまく働け

なくなる」ことに着目した。これが，産業・組織心理学におけるバーンアウト研究の始まりだとされている。そのため，バーンアウト研究では長らく，看護師を始めとする医療従事者が主たる分析対象となってきた（Cordes and Dougherty, 1993）。その後，バーンアウト研究は金融機関やホテル，通信会社など多様な業界の被雇用者を分析対象としながら発展していった（Lubbadeh, 2020）。久保（2007）でも，顧客にサービスを提供するヒューマンサービス業の就業者にバーンアウトが数多く発生すると指摘されている。

　近年のバーンアウト研究は，被雇用者を対象にした研究蓄積を自営業者にも援用することで，アントレプレナーシップ研究あるいは中小企業研究との結節点を有するようになっている。Benz and Frey（2004）やSchneck（2014）では欧米自営業者，被雇用者に対する質問紙調査を基にして，自営業者は被雇用者よりも幸福感が強いこと，当該幸福感は自営業者の職務自律性（Job Autonomy）および職務創造性（Job Creativity）の高さに由来することを示している。すなわち，自営業者は好きな仕事を好きなようにできるため，幸福感が高くなるのだとされている。例えば，Fujino et al.（2005）では，自営業者は被雇用者よりもストレスを感じる程度が有意に低いとしている。その結果，自営業者は被雇用者に比べて，ストレスの影響が大きい脳血管系の疾患による死亡リスクが有意に低くなるとしている。以上より，バーンアウトに関しては，自営業者と被雇用者の比較が重要な視点になる。したがって下記の仮説を設定する。

仮説1　自営業者は中小企業の被雇用者よりもバーンアウトは低くなる

　一方，既存研究では，自営業者の職務特有のストレスも指摘されている。例えば，自営業者が自身の就業状況を評定し，ストレッサーとストレス反応に我慢できなくなったとき，事業からの撤退や廃業を選択する（Zhu, Burmeister-Lamp and Hsu, 2017）。そして，Kollmann, Stöckmann and Kensbock（2018）は後述する企業家的ストレッサー（Entrepreneurial Stressor）が，自営業者の回復力と幸福感に負の影響を与え，ストレス反応としての不眠症を発生させること，企業家的経験（Entrepreneurial Experience）が不眠症を抑制することの二つを示した。したがって，自営業者のバーンアウトに対する企業家的ストレッサーの影響を検討することも重要になる。よって，以下の仮説を設定する。

仮説2　企業家的ストレッサーが高いほど，自営業者／中小企業の被雇用者の
　　　　バーンアウトは高くなる

　Taris et al.（2008）では，自営業者がバーンアウトと心身の不調に耐えながら，
ワーカホリック的に就業していると指摘している。Wach et al.（2021）では，自
営業者が日々のストレスからどのように距離を取り，どのように心身の疲労を回
復し，幸福感を堅持しているのか，そのプロセスを日記データから分析している。
Hsu, Shinnar and Anderson（2019）では，自営業者が企業家的ストレッサーと
バーンアウトに相対することで，自身のキャリアを後悔するようになり，事業か
らの撤退や廃業を選択するようになるとしている。これらの研究では，仕事と家
庭の葛藤（Work-Family Conflict）がバーンアウトに影響を与えることも示され
ている。よって以下の仮説を設定する

仮説3　子供がいないときよりも，子どもがいるときの方が，自営業者／中小
　　　　企業の被雇用者のバーンアウトは高くなる

　以上のように，企業家的ストレッサーとバーンアウトは，自営業者の就業と結
果としての幸福感に大きな影響を与えることが種々の既存研究で示されてきた。
こうした中で，バーンアウト研究とアントレプレナーシップの結節点をより強く
見出した研究が，Fernet et al.（2016）である。Fernet et al.（2016）はフラン
スの中小企業経営者を対象として，企業家的ストレッサー，職務孤独感（Job
Loneliness），そして，組織レベルの企業家志向性（EO：Entrepreneurial
Orientation, Covin and Slevin, 1989）を用いて，バーンアウトの決定要因を分析
した。EOは，企業のコーポレート・アントレプレナーシップの駆動力であり，
組織風土としてのリスク志向性，革新性，先駆的・能動的な行動姿勢の3つのサ
ブ要素から構成されている。企業におけるEOの高低と経営パフォーマンスの高
低の間に正の有意な相関関係があることがおおよそ実証され，EO - パフォーマ
ンス・モデルと銘打たれている（Andersén, 2010）そして，中小企業経営者の属
性を性別，年齢，経営者暦，企業規模からコントロールし，企業家的ストレッサー
とバーンアウトの間に職務孤独感が媒介変数として介在すること，組織レベルの

企業家志向性が職務孤独感とバーンアウトの間に調整変数として介在することを，調整媒介分析から明らかにした。本論文ではFernet et al.（2016）を参照しつつ，組織レベルではなく，冒頭で示したIEOを説明変数として用いる。IEOは企業経営者や従業員の個人レベルのアントレプレナーシップの駆動力を示したもので，彼我のリスク志向性，革新性，先駆的・能動的な行動姿勢から構成されている。よって，個々の自営業者と中小企業の被雇用者のバーンアウトの決定要因を企業横断的に比較するという本論文の分析枠組みにより適合している。

　なお，Fernet et al.（2016）は孤独感として，「どのくらい，孤独感や寂しさを感じているか」という１項目の質問を設定している。しかし，社会的孤独感の議論を援用すれば，職務孤独感は「親しい同僚がいない」といった身体的孤独感（Physical Isolation）と「仕事の情報を十分に得られない」などの情報的孤独感（Informative Isolation）の二つに分類できる（Orhan, Rijsman and Dijk, 2016）。自営業者と被雇用者の就業状況の差異を鑑みれば，職場での感情的対立による情動葛藤および仕事上の意見対立から生じる職務葛藤のストレッサーの影響も検討する必要があるだろう（Jehn, 1995）。これらは本論文独自の視点であり，以下の仮説を設定する。

　仮説４　IEOが高いほど，自営業者／中小企業の被雇用者のバーンアウトが低くなる
　仮説５　身体的孤独感や情報的孤独感が高いほど，自営業者／中小企業の被雇用者のバーンアウトが高くなる
　仮説６　情動葛藤や職務葛藤が高いほど，自営業者／中小企業の被雇用者のバーンアウトが高くなる

　Fernet et al.（2016）により，自営業者のアントレプレナーシップ研究とバーンアウト研究の接続の緒がつけられた。しかし，日本の自営業者の企業家的ストレッサーとバーンアウトに関する研究は希少である（尾久, 2016）。日本の自営業者を分析対象とすることは学術的にも政策的にも意義がある。そのため，既存研究の成果を踏まえ，本研究の仮説を検証し，自営業者におけるバーンアウトの決定要因を分析する。

3. 方法

調査対象者

　日本の自営業者および中小企業の被雇用者（一般社員）2163名。中小企業か否かは従業員数300人以下か否かで判断した。本論文では，株式会社クロスマーケティングのモニター会員に対して，オンライン調査を実施している。対象となったのは，自身の職業を自営業者（経営者，役員）あるいは中小企業の会社員（一般社員）とした回答者である。より具体的には，日本の自営業者1500人と比較対象としての中小企業の被雇用者1500人にオンラインの質問紙調査を実施した（2022年3月，福岡女学院大学倫理審査　承認番号2103）。オンライン調査では回答の質を高めるために，DQS項目（例：この項目は「ほとんどそう思わない」を選択して下さい）を設定し，適切に回答しなかった回答者をサンプルから除いた。自営業者（役員）とした回答者も除外した。その結果，分析対象者は2,116人（自営業者1058人，中小企業の被雇用者1058人，平均年齢51.867歳）となった。回答者全員に対し，当該オンライン調査の学術研究利用の許諾を得ている。

実施期間

　本オンライン調査の実施期間は2022年3月19日から3月22日まで。

質問項目

　下記の尺度は全て英→日→英のバック・トランスレーションを行って使用した。
①バーンアウト尺度（久保，2014）田尾（1987）による尺度をもとに概念妥当性の検討がなされた「日本版バーンアウト尺度」を用いた。感情的疲弊感（5項目）は心身ともに疲れ果てて何もしたくないという感情や気分であり，冷笑的態度（6項目）は顧客や同僚に対して，思いやりの無くなった態度を示す。職務効力感の減退（6項目）は，仕事に喜びがなくなり，自分の職務の重要性が低いと感じる状態を意味する。これら三つに関して，「強い否定」から「強い賛成」の6件法にて自己評価を尋ねた。
②IEO尺度（De Jong et al., 2015）リスク志向性，革新性，先駆的・能動的な行動姿勢に関して，各々3項目，合計9項目を「強い否定」から「強い賛成」の6件法にて，自己評価で尋ねた。質問項目の例として，「私は仕事の中で『リ

スクをあえて取ろう』としている」,「私は物事が悪い方向に向かっていたとしても,大きな成果を出そうとして,賭けにでる」,「私は例え,周囲が困惑したとしても,まず行動し,その後に了承を得る」が挙げられる。

③企業家的ストレッサー尺度（Kollmann, Stoeckmann and Kensbock, 2018）「設備や備品・用品,道具が不十分だったり,不足している」,「他者からの援助が不十分だったり,不足している」,「仕事に関係した情報が不十分だったり,不足している」,「資金が不十分だったり,不足している」,「時間が足りない」に関して,「強い否定」から「強い賛成」の６件法にて,自己評価を尋ねた。

④孤独感尺度（Orhan, Rijsman and Dijk, 2016）身体的孤独感と情報的孤独感の二つを用いる。前者は「私は,職場で,他人から孤立している」など６項目,後者は「私は,職場の人たちと会えないと,仕事の情報や知識をたくさん失っていると感じる」など４項目であり,「強い否定」から「強い賛成」の６件法にて,自己評価を尋ねた。

⑤葛藤尺度（Jen, 1996）情動葛藤（４項目）と職務葛藤（４項目）に関して,前者は「あなたの会社/事業所では,メンバー間で性分が合わないことがどのくらいありますか？」,後者は「あなたの会社/事業所では,メンバー間で進行中の仕事に関して,どのくらい意見の不一致がありますか？」の「非常に少ない」から「非常に多い」の６件法にて,自己評価を尋ねた。

⑥子どもの有無

⑦コントロール変数　既存研究に則り,年齢および性別,企業業績を尋ねた。

4．分析結果と解釈

調査から得られた変数の記述統計は表１に示した。表１には,各変数の信頼性を測定するためのCronbach's α も提示した。身体的孤独感,情動葛藤,職務葛藤は0.9以上といずれも信頼性は非常に高い。また,IEO,企業家的ストレッサーは0.8以上,情報的孤独感は0.8弱とこれらの信頼性も非常に良好であった。また,平均値の差の検定から,自営業者は中小企業の被雇用者よりも,バーンアウトはより低く,IEOはより高く,企業家的ストレッサーはより低く,身体的孤独感はより低く,情報的孤独感はより高く,情動葛藤はより低い,職務葛藤もより低いことがわかる。表２では自営業者が何代目経営者なのかを示すことで,分析対象

表1．各変数の記述統計
（総合 N=2116，自営業者 N＝1058，中小企業の被雇用者 N=1058）

	a	総合 M	(SD)	自営業者 M	(SD)	中小企業の被雇用者 M	(SD)	t	
年齢		51.867	(9.492)	55.416	(7.977)	48.318	(9.562)	18.54	***
子有ダミー		0.464	(0.499)	0.498	(0.500)	0.43	(0.495)	3.14	***
女性ダミー		0.242	(0.428)	0.149	(0.357)	0.335	(0.472)	-10.19	***
経営業績		2.852	(1.265)	2.772	(1.269)	2.932	(1.256)	-2.91	***
バーンアウト	0.886	3.206	(0.920)	2.867	(0.802)	3.544	(0.906)	-18.19	***
IEO	0.898	2.637	(0.911)	2.858	(0.853)	2.415	(0.913)	11.54	***
企業家的ストレッサー	0.852	2.881	(1.115)	2.824	(1.086)	2.939	(1.141)	-2.37	***
身体的孤独感	0.924	2.341	(1.117)	2.209	(1.086)	2.474	(1.133)	-5.48	***
情報的孤独感	0.797	2.662	(0.994)	2.728	(1.016)	2.597	(0.968)	3.05	***
情動葛藤	0.950	2.499	(1.355)	2.008	(1.140)	2.991	(1.375)	-17.91	***
職務葛藤	0.964	2.537	(1.345)	2.083	(1.181)	2.99	(1.347)	-16.45	***

子有ダミーはいない（0）いる（1），女性ダミーは男性（0）女性（1）。
平均値の差は自営業者－中小企業の被雇用者　*** p＜.01

表2．自営業者のプロフィール

	N	割合（%）
創業者	809	76.47
二代目	174	16.45
三代目	50	4.73
四代目以降	25	2.36

の実態の一端を示している。表3では，全体サンプル，自営業者，中小企業の被雇用者の分割サンプルに対し，従属変数をバーンアウトの得点として頑健的な標準誤差を用いた重回帰分析を行った。

　表3より，IEOなど各種変数をコントロールした上で，自営業者は中小企業の被雇用者より，バーンアウトの程度が有意に低く，この結果は仮説1を支持するものであった。すなわち，自営業者は好きな仕事を好きな時間と好きな場所で，好きなようにできる傾向がより強いため，中小企業の被雇用者よりもバーンアウ

表3．バーンアウト得点を従属変数とした重回帰分析の結果
（頑健的な標準誤差を用いている）

	総合			自営業者			中小企業の被雇用者		
	β	p		β	p		β	p	
年齢（対数）	-.457	.000	***	-.423	.001	***	-.481	.000	***
子有ダミー	-.048	.132		-.022	.594		-.074	.085	
女性ダミー	.063	.027	**	.075	.192	**	.047	.309	
自営業者ダミー	-.258	.000	***						
経営業績	-.088	.000	***	-.078	.000	***	-.096	.000	***
IEO	-.180	.000	***	-.177	.000	***	-.179	.000	***
企業家的ストレッサー	.200	.000	***	.186	.000	***	.216	.000	***
身体的孤独感	.204	.000	***	.236	.000	***	.175	.000	***
情報的孤独感	-.132	.000	***	-.131	.000	***	-.136	.000	***
情動葛藤	.136	.000	***	.079	.063	*	.157	.000	***
職務葛藤	.048	.063	*	.101	.012	***	.022	.508	
定数項	4.655	.000	***	4.207	.000	***	4.873	.000	***
adj-Rsquare	.52			.43			.47		
F-Value	176.530	***		73.690	***		68.980	***	
N	2,116			1,105			1,058		

*** p <.01, ** p < .05, * p < .1

子有ダミーはいない（0）いる（1），女性ダミーは男性（0）女性（1），自営業者ダミーは被雇用者（0）自営業者（1）。

トが抑制されるということを示唆している。仮説2については，企業家的スト
レッサーは中小企業の被雇用者両方のバーンアウトに有意な正の影響を与えてお
り仮説は支持された。仮説3については，子供ダミーは自営業者と中小企業の被
雇用者のバーンアウト両方に有意な影響を与えていなかった。よって仮説は支持
されなかったと言える。また，女性ダミーは自営業者のバーンアウトのみを有意
に高めていた。次に，仮説4については，IEOは自営業者，中小企業の被雇用者
両方のバーンアウトに有意な負の影響を与えており，仮説を支持した。言葉を変
えれば，自営業者と中小企業の被雇用者の別なくIEOを高めることでバーンアウ
トを抑制することができるのである。仮説5に関しては，身体的孤独感と情報的
孤独感は前者が正の有意な影響を，後者が負の有意な影響をバーンアウトに与え
ていた。すなわち，自営業者／中小企業の被雇用者はヒトとの物理的なつながり
を欠くとバーンアウトを高める。しかし，職場での仕事の情報のやりとりから一

表4　仮説と推計結果の照合

	仮説	全体	自営業者	中小企業の被雇用者
自営業者ダミー	－	－		
IEO	－	－	－	－
企業家的ストレッサー	＋	＋	＋	＋
身体的孤独感	＋	＋	＋	＋
情報的孤独感	＋	－	－	－
情動葛藤	＋	＋		＋
職務葛藤	＋	＋	＋	

線を引くことは，むしろバーンアウトを抑制することになるのだと言える。この結果は仮説を部分的に支持するものであった。最後に仮説6については，自営業者は職務葛藤がバーンアウトを高めるが，情動葛藤に関しては，10％水準の有意な関係に留まる。一方，中小企業の被雇用者は情動葛藤が1％水準でバーンアウトを高めているが職務葛藤とは非有意となっている。これは自営業者と中小企業の被雇用者で職場における葛藤とバーンアウトの関係が異なることを示唆している。すなわち，自営業者は被雇用者に対する職務上の葛藤を，中小企業の被雇用者は同僚に対する感情的な葛藤をバーンアウトに結び付ける傾向があると言える。以上の結果をまとめると，表4のようになる。

5．結論と残された課題

　本論文では「自営業者のバーンアウトの決定要因とは何なのだろうか」という問いを設定した。その上で，自営業者の企業家的ストレッサーとバーンアウトに関する研究成果を紐解きながら，先行研究のリサーチ・ギャップを見出すことで，6つの仮説を提示した。そして，日本の自営業者と中小企業の被雇用者の比較を踏まえて，自営業者のバーンアウトの決定要因を推計した。結果として，自営業者のバーンアウトの程度は中小企業の被雇用者よりも低いこと，IEO/企業家的ストレッサーがバーンアウトを抑制/惹起させること，身体的孤独感/情報的孤独感がバーンアウトを惹起/抑制させること，自営業者は情動葛藤よりも職務葛藤がバーンアウトをより高めること，中小企業の被雇用者とは葛藤とバーンアウト

の関係性が異なることを見出した。これらは既存研究のリサーチ・ギャップを埋める知見である。主軸の変数としてのIEOは従業員だけでなく，自営業者のバーンアウトの程度に関しても，有意な説明変数であることも指摘できる。同時に，自営業者と中小企業の被雇用者を比較した場合，IEOはより高く，バーンアウト，企業家的ストレッサー，身体的孤独感，情動葛藤，職務葛藤はより低い。すなわち，自営業者は中小企業の被雇用者よりもより企業家志向的かつよりストレスレスに就業しているのである。ただし，情報的孤独感だけはより高くなる。

　実務上のインプリケーションとして，以下の三点を提示する。第一に，少なくとも中小企業の被雇用者と比較した場合，自営業者がよりストレスフルだとは言えないことである。これはFujino et al.（2005）の研究成果とも整合性を有する。こうした知見は起業促進につながると言える。第二に，自営業者は自身のIEOを高めることで，バーンアウトを乗り越えられるようになる可能性が示された。第三に，自営業者は孤独感を大枠で捉えるのでなく，身体的孤独感と情報的孤独感に識別し，前者を回避，後者を受容することでも重要になる。そして，第四に，自営業者は従業員との間で生じる職務葛藤を回避する必要がある。これらの成果と知見は，バーンアウト研究およびアントレプレナーシップ研究に対するリサーチ・ギャップを踏まえた新たな貢献の提示だとも言える。

　なお，本論文には残された課題が幾つか存在する。一つ目として，バーンアウトがどのように職務満足や心身の疾患の先行変数となるのかを解明する必要がある。バーンアウトが高じれば，不眠症や脳血管障害などが生じやすくなることは，既存研究からも明らかである。第二に，本論文では重回帰分析を用いた。しかし，変数を絞った上で，共分散構造分析により，変数間の相互関係をより精緻に分析することも必要だと言える。第三に，自営業者の比較対象として，大企業の被雇用者の分析も行う必要がある。第四に，創業者か承継者かなど，自営業者の属性，業態や業種をより精緻に分析する必要がある。第五に本論文では職務と家族の葛藤を，子供の有無で識別した。この点に関しても，より精緻な分析が必要になる。以上を本論文の残された課題とする。

〈謝辞〉本稿はJSPS科研費19K01872「中小企業の海外市場参入プロセスにおける従業員の企業家行動の促進・阻害要因と自律性」（基盤研究C：代表者 山本聡）の助成を受けた成果の一部である。

〈参考文献〉

1　Andersén, J.（2010）. A critical examination of the EO-performance relationship. *International Journal of Entrepreneurial Behavior and Research.*, 16(4), pp.309-328.

2　Benz, M., and Frey, B. S.（2004）. Being independent raises happiness at work. *Swedish economic policy review*, 11(2), pp.95-134.

3　Cordes, C. L., and Dougherty, T. W.（1993）. A review and an integration of research on job burnout. *Academy of management review*, 18(4), pp.621-656.

4　Covin, J. G., and Slevin, D. P.（1989）. Strategic management of small firms in hostile and benign environments. *Strategic Management Journal*, 10(1), pp.75-87.

5　De Jong, J. P., Parker, S. K., Wennekers, S., and Wu, C. H.（2015）. Entrepreneurial behavior in organizations: Does job design matter?. *Entrepreneurship Theory and Practice*, 39(4), pp.981-995.

6　Fernet, C., Torrès, O., Austin, S., and St-Pierre, J.（2016）. The psychological costs of owning and managing an SME: Linking job stressors, occupational loneliness, entrepreneurial orientation, and burnout. *Burnout Research*, 3(2), pp.45-53.

7　Freudenberger, H. J.（1974）. Staff burn-out. *Journal of social issues*, 30(1), pp.159-165.

8　Fujino, Y., Iso, H., Tamakoshi, A., Inaba, Y., Koizumi, A., Kubo, T., and Yoshimura, T.（2005）. A prospective cohort study of employment status and mortality from circulatory disorders among Japanese workers. *Journal of occupational health*, 47(6), pp.510-517.

9　Hsu, D. K., Shinnar, R. S., and Anderson, S. E.（2019）. ʻI wish I had a regular jobʼ: An exploratory study of entrepreneurial regret. *Journal of Business Research*, 96, pp.217-227.

10　Jehn, K. A.（1995）. A multimethod examination of the benefits and detriments of intragroup conflict. *Administrative Science Quarterly*, pp.256-282.

11　Kollmann, T., Stöckmann, C., and Kensbock, J. M.（2018）. I can't get no sleep— The differential impact of entrepreneurial stressors on work-home interference and insomnia among experienced versus novice entrepreneurs. *Journal of Business Venturing*, 34(4), pp.692-708.

12　久保真人（2007年 1 月）「バーンアウト（燃え尽き症候群）—ヒューマンサービス職のストレス（特集 仕事の中の幸福）」『日本労働研究雑誌』第49巻 1 号 pp.54〜64

13　Lerman, M. P., Munyon, T. P., and Williams, D. W.（2021）. The（not so）dark side of entrepreneurship: a meta-analysis of the well-being and performance consequences of entrepreneurial stress. *Strategic Entrepreneurship Journal*, 15(3), pp.377-402.

14　Lubbadeh, T.（2020）. Job burnout: a general literature review. *International Review of Management and Marketing*, 10(3), pp.7-15.

15　Maslach, C., and Leiter, M. P. (2008). Early predictors of job burnout and engagement. *Journal of applied psychology*, 93(3), pp.498-512.

16　尾久裕紀（2016年9月）「中小企業経営者のメンタルヘルスの現状 その課題と展望」『日仏経営学会誌』33巻 pp.28~40

17　Orhan, M. A., Rijsman, J. B., and Van Dijk, G. M. (2016). Invisible, therefore isolated: Comparative effects of team virtuality with task virtuality on workplace isolation and work outcomes. *Revista de Psicología del Trabajo y de las Organizaciones*, 32(2), pp.109-122.

18　小杉正太郎・大塚泰正（1999年7月）「第4回 職場ストレッサーの成立（仕事と職場のストレス）」『産業衛生学雑誌』第41巻4号 pp.63~64.

19　Schneck, S. (2014). Why the self-employed are happier: Evidence from 25 European countries. *Journal of Business Research*, 67(6), pp.1043-1048.

20　田尾雅夫（1987年11月）「ヒューマン・サービスにおけるバーンアウトの理論と測定」『京都府立大學學術報告 人文』39号 pp.99~112

21　Taris, T. W., Geurts, S. A., Schaufeli, W. B., Blonk, R. W., and Lagerveld, S. E. (2008). All day and all of the night: The relative contribution of two dimensions of workaholism to well-being in self-employed workers. *Work and Stress*, 22(2), pp.153-165.

22　Wach, D., Stephan, U., Weinberger, E., and Wegge, J. (2021). Entrepreneurs' stressors and well-being: A recovery perspective and diary study. *Journal of Business Venturing*, 36(5).

23　Zhu, F., Burmeister-Lamp, K., and Hsu, D. K. (2017). To leave or not? The impact of family support and cognitive appraisals on venture exit intention. *International Journal of Entrepreneurial Behavior and Research*. pp. 566-590.

（査読受理）

社会的課題解決に取り組む女性たちの
起業機会識別に関する考察
―社会志向型企業の起業家活動に着目して―

日本女子大学　　額田春華

1．はじめに

　研究の問題関心は，持続可能な経済・社会づくりに貢献する女性起業家育成のために何が大切かである。社会的課題に関心を持つ女性起業家の割合は非常に高い。2016年の三菱UFJリサーチ＆コンサルティングの調査結果によると，日本の起業家のうち社会的課題の解決を目的に事業を起こす起業家の比率が46.1％を占め，特に女性はその比率が67.5％を占める（中小企業庁，2017, pp.158-159）。しかしながら，アントレプレナーの理論も起業支援の公的制度も，彼女たちの抱える悩みや課題に寄り添ったものになっていないのではないかという問題意識を持っている。本稿では社会的課題に取り組む企業の中でも，谷本（2006, pp.6-15）の分類[注1]を参考に社会志向型企業，すなわち営利組織の形態をとりつつ本業として社会的課題解決に取り組む企業に焦点を当てて女性起業家の事例を検討する。

　研究の主な方法は，筆者による女性起業家たちへの2019年から2022年にかけて実施したインタビュー調査結果の分析，及び関連する文献の整理であり，次の2つのリサーチクエスチョンを検討する。第1は，社会的課題解決を事業目的とする女性たちの起業家活動をとらえる適切な分析視点をどう設定すべきかである。第2は，事例の整理から社会的課題解決に取り組む女性起業家による事業活動の特徴として何が読み取れるかである。

　論文の構成は，第2節で関連する既存研究を整理しながら本論の分析の視点を提示し，第3節にて2企業の事例を整理する。第4節で本研究をまとめ，研究の含意を示す。

２．既存文献の整理と本研究の視点

本節では既存文献を（１）社会的企業研究，（２）起業家活動研究，（３）女性起業家研究，（４）生活経済学・生活経営学の関連する研究の４つに分けて整理する。

２．１　社会的企業に関する研究の整理

中小企業庁（2015, 第 3 部第 1 章）は，CRSV（= Creating and Realizing Shared Value）の概念を提示しながら中小企業が地域課題の解決へ貢献する重要な存在であるとしている[注2]。また池田（2022）は，中小企業存立の本質の一つとして地域・社会との共生があるとし，共生社会をベースにした新しい資本主義社会を創り出す担い手としての期待を中小企業に寄せ，中小企業のCSR活動とソーシャルビジネスのそれぞれについて検討している。

広く学際的に社会的企業に関する研究を振り返ると，企業サイドアプローチ，または新自由主義学派と呼ばれる米国に源流を持つ研究群と，ハイブリッド構造としての社会的企業，または社会政策学派と呼ばれる欧州に源流を持つ研究群がある（e.g.藤井他, 2013, pp.20-52；高橋他, 2018, pp.4-17）。前者の新自由主義学派では，社会問題を事業機会へ変え，新しい社会的価値の創出をリードする社会起業家の活動に光をあて理論が構築されていた。一方，後者の社会政策学派では，「社会的排除」の状況に置かれた人々のエンパワーメント等の社会的課題に対して，市場における「交換」・政府等による「再配分」・コミュニティの中の「互酬性」を複合させながら多様な主体が連携する実態に光をあて理論が構築されてきた。

図１　ロジックモデル

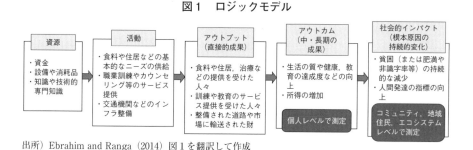

出所）Ebrahim and Ranga（2014）図 1 を翻訳して作成

　社会的課題解決に取り組む起業家活動をとらえる出発点として参考になるのが，ロジックモデルである。ロジックモデルは，米国国際開発庁（USAID）によって開発されたもので，NPOやNGOに携わる実務家たちによって利用されてきた。Ebrahim and Ranga（2014, pp.119-122）は図1として，アウトプット，アウトカム，社会的インパクトの3つを明確に区別し，NPOやNGO，及びその他の組織形態の社会的企業による活動成果を測定するフレームワークとして実務家たちが利用してきたモデルを整理しなおした。なお社会的インパクトとは，地域コミュニティやエコシステムといったレベルでの社会的課題の根本原因の持続的変化のことを指す。

2.2　起業家活動をどうとらえるか

　上述のロジックモデルは，起業家活動の成果の連鎖を明確に示すが，肝心の起業家活動そのものの部分が「資源→活動→アウトプット」と単純すぎる。事業活動そのもののとらえ方を再検討するため，アントレプレナー研究を整理する。

　アントレプレナー研究において，起業機会識別は根本的課題の一つとなってきた（e.g. Shane and Venkataraman, 2000）。本論でも活動を起業機会識別とそれに続く具体的な製品開発やビジネスシステムづくりなどを区別してとらえていくことにする。

　起業機会識別[注3]とはどのようにとらえることができるだろうか。起業機会識別に関する研究は，「発見アプローチ」と「創造アプローチ」に分けられる。前者はオーストリア学派の流れを汲み，機会は利用されるかどうかに関わらず実際に存在しており，起業家は客観的機会に気づける機敏性を持つかが問われるとする。後者は社会構築主義や進化論の流れを汲み，起業家は機会を利用しながら，その機会を状況の中で内在的にイナクトしていくのであって，機会は行為から独立して存在しているわけではないとする。（田路2020, pp.15-20）

　また起業家活動をとらえる鍵概念として，近年，着目されているのが「エフェクチュエーション」である。Sarasvathy（2001, 2008）は非常に不確実性の高い環境下でおこなわれる起業家活動の意思決定の論理としての「エフェクチュエーション」を，「コーゼーション」の対概念として提示した。「エフェクチュエーション」の意思決定の特徴は，達成したい目的ではなく手段の方を所与とし，手元にある手段のもとで達成可能な目的の中から選択する。期待利益の最大化ではなく，許容可能なリスクの範囲内であればまずは行動し，実験し，その結果，新し

い手段としての資源が蓄積されるだけでなく，目的も変化していく。

　田路（2020,第8章）はこの2つの意思決定原理を整理した上で，社会的企業ではない一般のベンチャー企業の事例分析の結果として，「起業プロセスの早い段階においては，環境の不確実性が高いため，エフェクチュエーションの論理にもとづく意思決定が有効であるが，成長するにつれコーゼーションの論理にもとづく意思決定が増えていく。ただし，再度，不確実性が増大することや，経営資源に大きな変化が起きると，またエフェクチュエーションの論理が有効になる」等の仮説を提示した。

　エフェクチュエーションとコーゼーションの2つの意思決定原理に着目して，社会起業家の文脈での機会識別の特徴を議論した論文として，Corner and Ho（2010）がある。複数の事例分析からの帰納的な理論構築を試みたこの研究では，2つの意思決定原理は現実には純粋系として成立しているのではなく，社会的企業が誕生し成長していくプロセスで，エフェクチュエーション優位のときもあれば，コーゼーション優位のときもあり，2つの意思決定原理のミックスのときもあるとし2つの意思決定原理は相互補完的な関係にあることが示されている。Corner and Ho（2010）の理論を参考にしながらSarasvathy（2001,2008）を読み直し，社会起業家の文脈での起業家活動を表1として整理する。

　コーゼーション優位の起業家活動では，起業家は目的達成のために必要な資源を手を尽くして調達しようとする。そのときに追求される目的は，社会的課題を達成しようとする理念のもとに打ち立てられ，簡単には揺るがない。事業機会識別は，機会を発見し利用する方策によりなされ，起業家は競合分析をして機会の優位性を判断して市場を選択する。所与とされる目的が最も効率よく達成されることが期待されるステップを考え，戦略を立て，起業家活動のプロセスは効果に依存して組み立てられる。

　一方，エフェクチュエーション優位の起業家活動では，仮説として持つ目的実現のために，手元にある資源でまずはできることをやってみる。手段としての資源だけでなく，行動の目的も行動の結果を振り返りながら再帰的に育てていく。事業機会はどこかにあるすばらしい機会を探すのではなく，有機的に育てていくものであるとし，ステイクホルダーとの協働関係を大事にしながら機会や，時にはさらに目的をも育てていく。リスクへの関わり方については損失が許容可能な範囲に収まるのであればまずは行動し，その結果を踏まえて戦略を柔軟に修正す

表1 Social Entrepreneurの文脈での起業家活動の整理

	コーゼーション優位	エフェクチュエーション優位
行動の原則	目的達成のために，資源を手を尽くして調達する（C①）	仮説としての目的実現のために，手元にある資源でまずはできることをやってみる（E①）
目的の位置づけ	理念のもとで打ち立てられた目的は揺るがない（C②）	手段としての資源だけでなく目的も，再帰的に育てていく（E②）
機会識別の方策	機会を発見し，利用する（C③）	機会は有機的に育てる（E③）
外部環境との関係	競合分析（C④）	ステイクホルダーとの協働（E④）
戦略の立て方	所与の目的が最も効率よく達成されるステップを考える（C⑤）	損失が許容可能な範囲にあればまずは行動し，その結果を踏まえ戦略を修正していく（E⑤）
プロセスの想定	効果に依存する（C⑥）	行為者に依存する（E⑥）

出所）筆者作成

る。起業家活動のプロセスは行為者に依存し，「私は誰か，何を知っているか，誰を知っているか」といった行為者の特性が，活動の選択肢を規定する。

2.3 女性起業家による起業家活動

次に女性起業家に関する研究を整理する。日本は諸外国に比べて起業活動は低調だが，女性だけで見るとさらに低調な状況にある（e.g.みずほ情報総研，2021，PP.15-16）。

男女間では起業家活動における起業機会識別に違いがあるのだろうか。実務の世界ではジェンダード・イノベーションへの注目が最近高まっているが，アントレプレナー理論ではジェンダーと起業機会識別との間の関係に焦点をあてて論じる論文は数としても少なく，実証研究により男性の方が女性よりも起業機会を多く識別できている傾向にある国が多いことを確認するのにとどまっている。起業機会識別プロセスが男女でどう違うかにまで踏み込んだ研究は稀少だが，その一つがDeTienne and Chandler（2007）である。米国西部の大学生を対象にした実験と米国の創業早期の起業家を対象にした実験を踏まえ，女性と男性では一般的な人的資本と企業・産業特有の人的資本をそれぞれ異なるタイプで保有すること，また起業機会を識別するために異なるタイプの人的資本を利用することを明らかにしている。また，機会識別プロセスを4つの型に分類し，男女でとられる型の傾向が異なること[注4]，また機会識別プロセスは違うけれども識別された機会の

革新さの程度には差がないことを明らかにした。

　国内ではジェンダーと起業機会識別の間の関係に明確に焦点を当てた論文は見あたらない。したがって少し範囲を広げて，日本における男女の起業家活動の差異をとらえた研究を振り返る。田村（1995）は質問紙調査結果に基づき，女性起業家の企業規模は相対的に小さく，また創業動機は自己実現を目的とするものの割合が高いことを示した。石黒（2014）は関連研究を整理し，「起業の動機は，ビジネスの拡大や事業経営そのものに興味があったからというよりも，自分の裁量の拡大，趣味や特技・仕事の経験の活用に加え，家事・育児と両立できるからなどの理由が挙げられる」こと，「起業の結果として，ワーク・ライフ・バランスの向上を感じる女性が多い」こと等を指摘している。

　また鹿住（2009, 第4章）は，質問紙調査とインタビュー調査を複合させながら男女の起業活動を比較し，男女間の社会的ネットワークや人的資本の違いが，女性が創業前と異なる分野，特に生活関連の個人向けサービス業で創業することが多い理由として推測されると指摘する。このような議論から，男女の社会ネットワークや人的資本の違いが，起業プロセスで駆動できる資源の量や質にだけでなく，起業機会識別プロセスにも重要な違いを生んでいることが推測される。

2.4　生活経済学・生活経営学の研究の整理

　最後に取り上げるのは，生活経済学・生活経営学の研究領域の鍵概念の一つである「生活者の視点」である。ここでは，消費生活に着目した研究と，働く人としての生活に着目した研究を整理する。

　まず消費生活に着目した研究として，生産と消費の分断によって生じる生活問題の解決のために消費生活協働組合が果たした役割を論考した天野（1996, pp.12-14）では，生活者とは①生産と消費の両方を含む生活の全体性を把握し，②個に根ざしながら他の個との協同によりオルタナティブな生き方をつくりだす日常的実践に取り組む主体と定義されている。

　次に働く人としての生活に着目した研究の方を見てみると，生活資源の一つとして「時間」が技能や人間関係能力，情報などとともに重要視され，天野（2015, pp.113-119）は，ライフは「生理的生活時間」「収入労働時間」「家事労働時間」「社会的・文化的生活時間」から構成され，ライフの中にペイドワークも家事や育児等のアンペイドワークも共に配置されるべきであるとする。またGambles. al.（2006, pp.34-37）はペイドワークをアンペイドワークとして切り離すのではなく，

ペイドワークとライフの中の他の部分を調和させる（harmonizingする）視点への転換が重要であると指摘する。

　以上を踏まえ，本論では「生活者の視点」を次のように定義する。それは生活する側から経済と生活のつながりをとらえようとする視点であり，次の2つの側面からとらえることが可能である。第1に，生産と消費の循環を視野に入れ，自然環境や地域・社会への影響を考えて主体的に消費行動に関わろうとする。第2に，働く人を生活ないし人生全体を基盤にして生産活動に関わる主体としてとらえ，働く人の幸せ（Wellbeing）を重視する労働のあり方をつくり出そうとする。「生活者の視点」は，現在，世界で注目されるSDGsの考え方と親和性の高い視点であると考えられる。

2.5　分析の視点

図2　本論の分析の視点

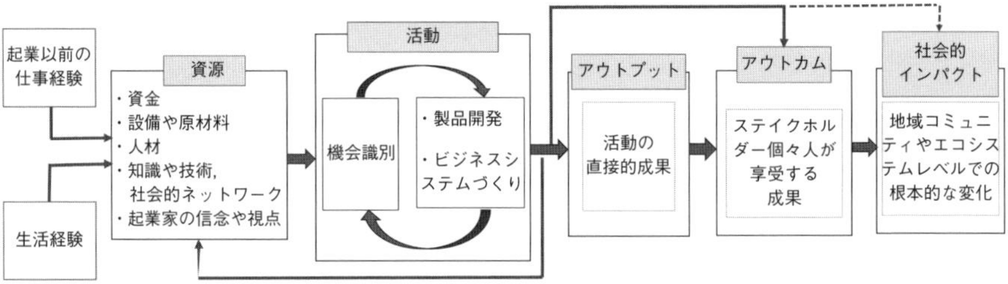

出所）筆者作成

　ここまで4つの領域の関連文献の整理をおこなってきたがそれらを踏まえ，本稿の分析の視点として図2を提示する。図1で示したロジックモデルをたたき台にしながらも重要な5つの修正を加えている。第1に，活動を「機会識別」と「その他の活動」に区別し，その他の活動の中では特に「製品またはサービスの開発」と「ビジネスシステムづくり」に着目する。第2に，「機会識別」について具体的な活動プロセスの結果を踏まえ起業機会が有機的に育つことを表現できるよう，「機会識別」と「その他の活動」との間に双方向の矢印を書き加えた。第3に，実行した結果を振り返って，新たな資源が蓄積することを示すフィードバックループを活動の結果から資源に向けて書き加えた。第4としてさらに活動結果を振り返り，そもそも社会的課題の解決のために何の目的を目指すかも変化することがあることを表現するために，活動の結果が「アウトカム」やときには「社会

的インパクト」へ影響を与える矢印を書き加えた。第5として「起業以前の仕事経験」だけでなく，起業前・起業後のアンペイドワークも含む「生活経験」が資源に与える矢印も書き加えた。

　次節では社会志向型企業2社を採りあげ，図2の分析の視点から表1の起業家活動の要素の整理も参考にしつつ事例分析をおこなう[注5]。

3．社会志向型企業2社の事例の検討

3.1　ダンスサークルコドロ!!　株式会社（以下C社と表記）について

　C社は，須田夏衣氏によって2009年に東京都三鷹市に設立されたダンス教室である。須田氏はダンスの専門学校を卒業後，ダンススタジオのインストラクターを務めながら自らもプロのパフォーマーとして舞台に立っていたが，激しい競争社会での人間関係の複雑さに傷つき，ダンスの世界から身を引き2児の母として生活していた。息子の児童館の行事でダンスの指導の手伝いをした際に，ママ友たちから「うちの子どもにぜひ，ダンスを教えてほしい」と熱い依頼を受けた。その声に押され，利用料が無料のコミュニティセンターで月2回の幼児向けレッスンをスタートする。ダンスにとても喜びを見出してくれる子どもたちと保護者の姿に触れる中で，1年後，自分は一度，ダンスを嫌いになったけれども，自分が関わったものとは違う新しいコンセプトを持ったダンス教室をつくってみたいと思えるようになり，株式会社化し本格的に事業の仕組みづくりに取り組み始めた。

　C社の事業の主たるビジョンは，「ダンスで子どもたちに笑顔を！」であり，これがロジックモデルの「アウトカム」に該当する。このようなビジョンのもとでC社は，コロナ時の厳しい時期も乗り越え，会員数294名，インストラクター14名の規模にまで成長した。これらがロジックモデルの「アウトプット」に該当する。設立当初からビジョンが明確だったわけではなく，設立して3年後，コンテストに1度，子どもたちが出場した反省を踏まえて，コンテストを目指さない上記のビジョンを明確に意識するようになったという。なお，表2の上半分は，当社の主な活動が何に源泉を持つ経営資源に基づいて可能になったか，またその活動に関わる意思決定がエフェクチュエーション優位のものか，コーゼーション優位のものかで整理したものである。

表2　C社とH社における主な活動とそれができた主な理由の整理

活動	経営資源の源泉		起業家活動の意思決定のタイプ	
	独立前の仕事経験	起業家の生活経験	エフェクチュエーション優位	コーゼーション優位
C1 従来とは違うコンセプトのダンス教室の閃きを得る。	ダンサーとダンスのインストラクターとしての経験を積む。	息子の児童館の行事でダンス指導を手伝う。	コミュニティセンターで月2回、レッスンを始める。(E①、E⑥)	
C2 「ダンスで子どもたちに笑顔を！」というビジョンが確立する。	競争の激しい世界でダンスを嫌いになる悲しい経験をする。		保護者の声を受けてコンテストに参加し、その経験を反省してコンテストに参加しない独自のビジョンを創造する。(E④、E⑥)	
C3 男の子も参加しやすいダンス教室を運営する。		年中になった息子が、友達の女の子たちの活動を見て「僕もダンスを習いたい！」と言い出した。	ダンサーの夫の協力を得て男の子クラスをつくると口コミで評判になる。(E①、E②、E③、E④、E⑥)	
C4 障がいのある子も楽しめるダンス教室を運営する。		中学生になった息子が、レッスンを手伝いたいと言い出した。	障がいを持つきょうだいも参加したいという声を受けてスタートするが最初はうまくいかず、試行錯誤の中で指導法を見つけ出していった。(E①、E③、E④、E⑥)	
C5 フルタイムで仕事を持つ母親も無理せず貢献できる発表会運営をする。		・小学校のPTAで役員が延々と決まらない話し合いの場を経験する。・高校時代、家政科で学んだために衣装づくりのために必要な基礎知識を持っている。	働く母親が増える中、PTA役員が決まらない現状に触れ、自分がレッスンを減らしてマネジメント役を引き受け、生徒の保護者の1人がプロの洋裁人であったご縁を生かして衣装も自分が間に入って発注できるしくみをつくった。(E①、E④、E⑥)	
C6 インストラクターが将来の夢や子育てとの調和ができる教室運営をおこなう。	ダンスの世界で女性たちが、将来の夢や子育てとインストラクターの仕事の両立に苦労している姿を見てきた。	まだ1人で運営していたときに、自身が熱を出し、夫がレッスンを代行してくれた。	少しずつレッスンを若手の先生たちに譲り、逆に自分はレッスンの代行も含めて先生たちのサポートやマネジメントに回るようにしていった。(E①、E③、E④、E⑥)	
H1 社会的事業の活動拠点として福島県国見町ではと閃きを得る。	民間のコンサルティング企業で仕事をしていたときに、福島の地域再生の案件にも関わっていた。	震災の時に石巻でがれき処理のボランティアに関わったが役に立てず悔しい思いをした。	非論理的には、訪問したときにいい町だとビビッときた。(E①、E⑥)	
H2 社会的事業の活動拠点として国見町に決定する。	独立前の仕事で、市場環境を分析する手法を身につけていた。			論理的には、競合のいない地域を選んだ。(C④)
H3 地方の規格外の果物・野菜と都会の消費者をつなぐビジネスのしくみをつくる。	経済や経営の分析モデルを用いて机上で計画をつくり、社会的インパクトでなく案件の規模で評価するコンサルティングのやり方の限界を前職で強く認識していた。	都会で生活する中で、都会の消費者の生活感覚を身につけていた。	現地の農家を手伝いながら、地域の人々に役立つ機会を探っていく方法をとる中で、規格外の桃が大量に廃棄されている現実を知る。農家の追加作業を増やすことなく流通できる方策を、農家と意見交換しながら作り出した。(E①、E②、E③、E④、E⑥)	
H4 ストレスの多い環境で生活する都会の女性の健康管理に役立つ製品を、廃棄される果物を利用して開発できないかと閃く。	官僚時代に、必要な情報を国立国会図書館で調べ、情報を整理して課題を考える経験を持っていた。	・前職でのストレスがもとで心身の不調に苦しんだ。都会での従来の女性の働き方や、ウェルビーイングにつながらないと思った。・起業後は、地域の農家の人と日常のおしゃべりを楽しむ生活を大事にする。	偶然に農家の方から、「次はあんぽ柿の季節だよ」と声をかけられた。加工品には規格外品という概念がなく、桃と同じ発想が通用しないと思った。アイデアを得るために官僚時代に足しげく通った国立国会図書館で、柿の論文を片っ端から読んだ。(E①、E②、E③、E④、E⑥)	
H5 柿のポリフェノールを生かした、女性のデリケートゾーンケアの化粧品開発に3年かけて成功する。		ビジネスに効率的に取り組むというのではなく、地域の人々との信頼関係構築を大事にしてきた	地域の某物流会社の空きスペースをフリーで開発拠点として貸してもらえたり、地域の人々に手伝ってもらえたりする支援を受けることができ、開発費用を抑えることができた。(E④、E⑤、E⑥)	
H6 上記化粧品を量産し、全国に流通させるビジネスのしくみをつくる。	起業前までの仕事経験で関係を持っていた知人が、社会的企業の起業プロセスを支援する新しい発想の投資会社を立ち上げた。		量産への展開という節目で「同じ船に乗って経営も事業もいっしょに考えてくれる仲間」が必要だと考えるようになった。そのような時に知人と再会し投資案件第1号として支援の提案を受けた。(E④、E⑥)	
H7 投資会社と議論しながら社会的インパクト実現のための全体像を明確化し、事業成果をきちんと検証しながらビジネスのしくみを見直す。			自社事業を共に分析議論できる「信頼できる仲間」ができ、とても楽しい。自分だけではできなかった選択肢や世界が見れるようになった。(E①、E④)	ロジックモデルを描きながら分析し事業計画を立てる。(C④、C⑥)

出所）筆者によるインタビュー記録とメールのやりとり、さらに復興庁（2021, 50-51）、PRTIMES Webサイト　https://prtimes.jp/main/html/rd/p/000000008.000081881.htmlhttps://www.zebrasand.co.jp/990の記事を用いてコーディングした結果を用いて作成

注）「エフェクチュエーション優位」と「コーゼーション優位」の行の欄の（E①～E⑥、及びC④～C⑥）が何を示すかについては表1を参照されたい。

　C社のビジネスシステムは次の４つの特徴を持つ。第１に，子どもたちの育ちを最優先することを徹底した教室と発表会の運営がおこなわれている。ふつうのダンスやバレエの教室では当たり前の，会員の中からスターを育て，コンテストでの上位入賞を目指すことをあえてやっていない。子どもたちの練習の成果は，発表会で披露され，学校の友人や家族を中心とした来場者に楽しんでもらう舞台づくりに力を入れている。第２に，多様な子どもたちが参加可能な場として運営されている。子ども向けのダンス教室としては珍しく，会員の３分の１は男の子であり，また，障がい児向けのクラスも設置している。第３に，ダンスやバレエの世界で当然のしくみとなっている「母の会」をあえてつくらず，フルタイムで仕事を持つ母親たちに負担の大きかった発表会運営のための業務を必要最小限に抑えても大きな発表会を運営できるしくみをつくっている。第４に，インストラクターが，ダンサーとしての将来の夢や子育てと両立しながら教える責任を果たせるマネジメントのしくみをつくっている。

　表２を見ると，Ｃ社のビジョンや起業機会，またそれを実現するビジネスシステムがつくられるプロセスで，非常にたくさんのエフェクチュエーション優位の意思決定がおこなわれること，また活動のプロセスで用いられた経営資源の源泉が独立前の仕事経験だけでなく，起業家の生活経験に源泉を持つものが非常に多く含まれることがわかる。

３.２　陽と人（以下Ｈ社と表記）について

　Ｈ社は，小林味愛氏によって2017年に福島県国見町に設立され，現在，正社員４名とアルバイト７名を雇用する。主たる事業は，①国見町の規格外の果物・野菜の流通，②廃棄されてきた柿の皮を利用した化粧品の開発販売である。

　大学では政治学を学び国家公務員の仕事に就いた小林氏だが，霞が関でずっと仕事をしていると社会や世の中のことがよくわからなくなってしまう危惧を抱き，民間のコンサルティング会社に転職した。しかし，地域活性化に関する案件でも地方の実態に寄り添わない「経済性」優先のコンサルティングのやり方を組織から求められ続け，心身の不調を起こし退職する。「社会性」を「経済性」と対等に置いた社会貢献の新事業を立ち上げたいという思いで起業した。

　Ｈ社のビジョンは「地域と都市のニーズに即した形で，地域資源を価値化して届ける『地域商社』として，福島の農家の所得向上と女性の生きやすさを向上する」であり，「福島の農家の所得向上」と「女性の生きやすさの向上」がロジッ

クモデルの「アウトカム」に該当する。さらにさまざまな活動を通して社会の幸せ・笑顔・豊かさが循環する持続可能な社会の達成が目指されていて，これが小林氏が目指す「社会的インパクト」である。「アウトプット」は，消費された規格外の果物・野菜や化粧品等が該当する。

　表2の下半分を見ると，起業しようとする最初の時点でエフェクチュエーションとコーゼーションのミックスで活動拠点が決まったが，それはむしろ例外でしばらくエフェクチュエーション優位での意思決定が連続し，ビジョンや製品・サービス，ビジネスシステムが試行錯誤の中で再帰的に育っていったことが読み取れる。また独立前の仕事経験も影響を与えているが，それに起業家の生活経験が重なり合うことが大事になっていることもわかる。

　以上の点はC社と同様の特徴であるが，加えての発見事項は，量産や全国規模の流通網構築にも取り組む成長の踊り場に立った段階で，コーゼーションとエフェクチュエーションがミックスされた意思決定を，社会的企業のコンサルティングとインパクト投資を手がけるゼブラアンドカンパニーの方たちとの関係の上で学習しながらおこなっていることである。小林氏は，インタビューでコーゼーション型の冷静な経営分析も組む込むことの大事さを次のように語っている。

　　　セオリー・オブ・チェンジっていうものを使ったロジックモデルで短期・
　　　中期・長期の成果の関係を明確化しています。社会課題って複合的なので社
　　　会性と経済性の両立って言ったときにふわっとしちゃうんですよね。そうす
　　　ると社会への示唆も生まれにくいし，共感も得にくい。

　しかし，ゼブラアンドカンパニーとの関係は投資家との単純な合理的関係ではなく，「信頼できる仲間」と小林氏は呼んでいる。ステイクホルダーとの関係の上で新しい選択性や世界を共創していく意思決定の土台があって，その土台の上で冷静なコーゼーションの分析と意思決定が行われた。

4．本研究のまとめと含意

　本研究では，社会的課題解決を事業目的とする女性たちの起業家活動をとらえる分析の視点として，図2及びそれを補完する表1を提示した。この分析の視点を用いた事例の整理から，社会的課題解決に取り組む彼女たちの事業活動の特徴として以下の4点を指摘できる。第1に，創業早期の非常に環境の不確実性の高

い段階では，エフェクチュエーションの意思決定の方法が主にとられていた。第2に，創業早期においては，効率的にビジネスのしくみをつくろうとすることよりも，ステイクホルダーとの信頼関係の形成が重要視された。この信頼関係がその後，起業機会やビジネスシステム等が創造されることを支えた。第3に，起業前の仕事経験だけでなく，生活経験を豊かに持つからこその視点や社会的ネットワークが，独自の起業機会識別と製品開発やビジネスシステムづくりに重要な影響を与えた。第4として，ロジックモデルを用いてビジネスモデルの全体像を第三者との対話の中でとらえなおし今後の事業計画を考えることが，事業が成長してエフェクチュエーション優位からコーゼーションも重要な役割を果たす意思決定へ切り替わりが必要になった時に有用であった。

　以上を踏まえ，女性起業家育成支援のあり方について次の3点の含意が得られる。第1に，前職の仕事で培った社会的ネットワークや技術を直接生かせる中小製造業で多い創業とは，社会志向型企業の創業は根本的に異なる性質を持つ場合があり，従来のコーゼーション型のコンサルティング手法だけでは，彼女たちの起業支援にうまく適合しないことが推察される。第2に，アンペイドワークや地域コミュニティ活動にあまり携わってこなかった男性が多くの割合を占める中小企業支援窓口では，彼女たちの起業機会を判断する情報が不足しがちであることが推察される。中小企業支援窓口業務に，仕事経験だけでなく生活経験も豊かに持つ人材も加わることが必要だと考えられる。第3に，そもそも中小企業論や経営学の理論や分析手法を，中小企業診断士の資格希望者に学んでもらうときに，それをコーゼーションの発想のみで使うことの限界まできちんと教え，受講者が理論を深く学ぶことができる教授法を確立していく必要がある。

　今後の研究の課題としては，社会志向型企業としての起業プロセスの調査数をさまざまな業種を含みながら増やしながら今回の発見事項への理解をまずは深め，さらに一般のベンチャー型の起業やNPO型の起業と比較する研究を進めていくことが必要であると考えられる。

〈謝辞〉インタビューにご協力いただいた経営者の皆様，査読の先生方，本学会の先生方，そして日本女子大学総合研究所課題77プロジェクトの先生方からの多大なご助力なしには，この論文は書き上がらなかった。ここに記して感謝の意を表させていただきたい。

〈注〉

1　谷本は，①社会的企業を事業型NPO，②社会志向型企業，③営利と非営利の中間領域の事業体，④一般企業によるCSRに分類している。

2　CRSVとは「地域に根ざした中小企業・小規模事業者でなければ解決困難な地域課題解決への取組であると同時に，その取組により，地域課題を解決する中小企業・小規模事業者，その地域課題解決の恩恵を受ける地域住民が互いに支え合うことにより生まれる好循環に向けた取組」を指す。（中小企業庁, 2015, pp.418-419）

3　本論ではDeTienne and Chandler（2007）の整理にならい，機会の発見と機会の創造の両方を含む言葉として田路（2020）が用いる「機会の認識」ではなくて，「機会の識別（opportunity identification）」の用語を用いることにする。「機会の認識」という言葉が，発見アプローチのスタンスの文献で主に使われる傾向が見られたので，混乱を防ぐためである。

4　女性が男性よりも採る傾向が高かったのは，「学習/革新」型，すなわち，ある産業で満たされていないニーズがあることを識別し，それに対応する革新的な製品・サービスを生み出すパターンであった。

5　本研究では，仮説発見型の研究方法（佐藤, 2002）をとった。C社には2019年8月9日と2022年8月19日に対面インタビューを実施，H社には2021年7月9日にオンラインインタビュー，2022年8月24日に対面インタビューを実施している。創業前の業種と同業での起業の代表としてC社を，創業前の業種と異なる業種での起業の代表としてH社を選んだ。

〈参考文献〉

1　天野晴子（2015）「生活時間とアンペイドワーク」『ジェンダーで学ぶ生活経済論（第2版）』ミネルヴァ書房, 第6章所収。

2　天野正子（1996）『「生活者」とはだれか』中央公論社。

3　中小企業庁（2015・2017）『中小企業白書』2015年版・2017年版。

4　Corner, Patricia D. and Ho, Marcus（2010）, "How Opportunities Develop in Social Entrepreneurship", *Entrepreneurship Theory and Practice* 34（4）, pp.635-659.

5　DeTienne, Dawn R. and Chandler, Gaylen N.（2007）, "The Role of Gender in Opportunity Identification", *Entrepreneurship Theory and Practice*, 31（3）, pp.365-386.

6　Ebrahim, Alnoor and Ranga, V. Kasturi（2014）"What Impact? A Framework for Measuring the Scale & Scope of Social Performance", *California Management Review*, 56（3）, pp.118-141.

7　藤井敦史, 原田晃樹, 大高研道（2013）『闘う社会的企業』勁草書房。

8　復興庁（2021）『岩手・宮城・福島の産業復興事例集2021-2022』復興庁。（https://www.reconstruction.go.jp/topics/main-cat4/sub-cat4-1/jireishu2021.html　2022年8月26日閲覧）

9　Gambles, R., Lewis, S., Rapoport, R.（2006）, *The Myth of Work-Life Balance: The Challenge of Our Time for Men, Women and Societies*, John Wiley& Sons Ltd.

10　池田潔（2022）『地域・社会と共生する中小企業』ミネルヴァ書房。

11　石黒久仁子（2015）「女性起業家の現状と日本の企業社会：予備的調査」『文教学院大学外国語学部紀要（14）』pp.65-79。

12　鹿住倫世（2009）「日本における創業期企業家の社会ネットワーク活用と効果：企業家活動における性差の視点から」早稲田大学大学院アジア太平洋研究科博士学位論文。

13　みずほ情報総研（2021）「令和2年度グローバル・スタートアップ・エコシステム強化事業（起業家精神に関する調査）報告書」https://www.meti.go.jp/policy/new business/houkokusyo/GEM2020_report.pdf　（2022年11月1日閲覧）

14　PRTIMES Webサイト　https://prtimes.jp/main/html/rd/p/000000008.000081881. htmlhttps://www.zebrasand.co.jp/990　（2022年8月26日閲覧）。

15　Sarasvathy, S. D.（2001）, "Causation and Effectuation: Toward a Theoretical Shift from Economic Inevitability to Entrepreneurial Contingency", *The Academy of Management Review* 26（2）, pp.243-263.

16　Sarasvathy, S. D.（2008）, *Effectuation: Elements of Entrepreneurial Expertise*, Edward Elgar Publishing.

17　Shane and Venkataraman（2000）"The Promise of Entrepreneurship as a Field of Research", *Academy of Management Review*, 25（1）, pp.217-226.

18　佐藤郁也（2002）『フィールドワークの技法:問いを育てる, 仮説をきたえる』新曜社。

19　高橋勅徳・木村隆之・石黒督朗（2018）『ソーシャル・イノベーションを理論化する』文眞堂。

20　田村真理子（1995）『女性起業家たち』日本経済新聞社。

21　谷本寛治編（2006）『ソーシャル・エンタプライズ:社会的企業の台頭』中央経済社。

22　田路則子（2020）『起業プロセスと不確実性のマネジメント:首都圏とシリコンバレーのWebビジネスの成長要因』白桃書房。

23　Wry, T and Haugh, H.（2018）"Brace for impact: uniting our diverse voices through a social impact frame", *Journal of Business Venturing*, 33（5）, pp.566-574.

24　Zebras and Company Webサイトhttps://www.zebrasand.co.jp/990（2022年8月26日閲覧）。

（査読受理）

反平等志向的な規範は起業活動を活発にするのか？

武蔵大学　鈴木正明

1　はじめに

　英米と比べて日本の起業活動は不活発とされる。たとえば，起業活動に関する国際調査，グローバル・アントレプレナーシップ・モニター（GEM）の2021年一般成人調査（APS）によると，成人人口（18～64歳）に占める起業活動従事者の割合は，日本では6.3％となっており，米国（16.5％）や英国（12.6％）を大きく下回る。こうしたなか，2022年を「スタートアップ創出元年」と定めるなど，日本政府は起業活動を積極的に支援する方針を示している。

　国や地域における起業活動の水準の違いはGEMをはじめ多くの調査研究で確認されており，このような違いを生み出す多様な要因が探求されてきた。これらの要因のうち，時系列では経済状況や技術進歩が，クロスセクションでは文化が重要とされる（Thurik and Dejardin, 2011）。本稿では文化要因である反平等志向に着目し，日本の各地域においてこうした規範の強弱が個人の起業活動の状況に与える影響を検証する。反平等志向に着目する理由は次のとおりである。

　高度成長を通じて日本では世帯所得でみた平等度の高い社会が実現され，再分配前の世帯単位での所得の平等を志向する「日本型平等主義」が生み出された（森口，2017）。しかし，平等志向に対しては厳しい目が近年向けられている。自らの行動の責任は自ら負うべきとする自己責任意識に基づき経済的な格差を肯定する意見は強い（橋本，2018）。こうした変化は政策文書にも反映されている。古市（2012）はこれらの文書のなかで「過度に結果の平等を重視してきた日本型社会システム」（p.381）の変革を求めつつ「日本経済の救世主」（p.385）として自己責任的で自立した起業家への期待が表明されてきたことを指摘する。

　では反平等志向的な規範はどのような影響を起業活動に与えているのだろう

か。起業活動への積極的な支援や平等志向からの転換が打ち出されている現状においてこの点の検証は重要といえる。

本稿の構成は次のとおりである。第2節では先行研究を概観し，仮説を提示する。第3節では分析の主なデータであるGEMのAPSを紹介したうえで仮説を検証する。その際起業活動の多様性に鑑み動機別の分析も行う。第4節では分析結果をまとめつつその含意と今後の課題を論じる。

分析に当たって，本稿では生活水準の格差の容認と反平等志向を定義する。この定義は，起業活動の活発化に伴い所得や生活水準の格差は拡大しがちであるため格差の容認は起業活動を促す（Sternberg et al., 2000）という指摘，そして前述の日本における意識の変化を踏まえたものである。平等志向は権利・役割の性差など法的・倫理的な公正さや集団間の地位（社会的支配理論）など関係的資源の配分の分析にも用いられる概念だが，本稿では経済的資源の配分に焦点を当てている（以上の議論は宮野（2000）を参考にした）。

経済的資源の配分に関しては日本の代表的な社会調査「社会階層と社会移動全国調査」（SSM）を用いた研究がみられる。同調査は均等，必要，努力，実績という配分原理への支持を尋ねており，それぞれの原理を支持する人の特徴や配分の評価としての不公平感の規定要因などが明らかにされている（井手，2011）[注1]。しかし，次節でみるように海外を含め起業活動との関係は十分分析されていない。

2．先行研究と仮説

Thurik and Dejardin（2011）は，国や地域の文化と起業活動との関係についての先行研究を三つのパースペクティブに整理する[注2]。

第1の心理特性総計（The aggregate psychological traits）パースペクティブは，地域における起業活動の活発さを個人の価値観によって説明する。つまり親起業活動的な価値観が個人の起業活動を促す結果地域の起業活動の水準は高まる。

反平等志向的な価値観は格差の容認を通じて起業活動を促すと考えられるが，両者の相関についての実証研究は多くはない[注3]。QCA（質的比較分析）を用いて先進29カ国を分析したConduras et al.（2016）によると，日本では反平等志向的な価値観を有しておりかつ起業家は高い社会的な地位を得ていると認識している個人は起業活動に従事しがちである。また，こうした価値観は地中海諸国にお

いて弱いながらも起業活動者と非活動者を分ける要因（Cinar et al., 2019）である。

第2の社会的正当性または倫理的是認（The social legitimation or moral approval）パースペクティブ（以下正当性パースペクティブ）によると，親起業活動的な規範や制度が強い地域ほど起業活動が活発化する。Thurik and Dejardin（2011）は親起業活動的な規範や制度の例として起業家の地位の高さや起業家に関心を向ける教育などを挙げているが，反平等志向的な規範もその一つといえる。このため，反平等志向的な規範が強いと起業活動は活発化することが予想される。

第3の不満（dissatisfaction）パースペクティブは，社会で広く受容されている規範と個人の価値観との衝突を通じて起業活動は活発化するとする。つまり親起業活動的な規範は起業活動を抑制する。たとえば，個人主義的な規範が弱い社会では職場の慣行が集団主義的になりがちであるため，個人主義的な価値観を有する人は職場に不満を抱きやすくより積極的に起業活動に従事する（Baum et al., 1993）。同様に，地域における反平等志向的な規範の弱さが職場の慣行に反映されれば，反平等志向的な価値観を有する人が不満を感じやすくなる結果，起業活動が促されることが予想される。

このように，個人の価値観に焦点を当てる心理特性総計パースペクティブとは異なり，正当性，不満パースペクティブはともに地域や社会の規範に着目する。ただし，反平等志向的な規範が起業活動に与える影響は正反対である。

では反平等志向的な規範の効果についていずれの説明力が高いのか。この点についての実証分析は少ないが，Sternberg et al.（2000）ではドイツの地域レベルの，Walker et al.（2013）とCrnogaj and Hojnik（2016）では国レベルの起業活動率との間に有意な相関を確認していない。そもそも両者には相関がない，または正当性，不満パースペクティブそれぞれの効果が相殺されていると解釈できる。以上を踏まえ次の仮説を提示する。

　仮説1a：（心理特性総計）反平等志向的な価値観は起業活動を促進する。
　仮説1b：（正当性）反平等志向的な規範の強さは起業活動を促進する。
　仮説1c：（不満）反平等志向的な規範の弱さは起業活動を促進する。

次に，個人の価値観と地域の規範との相互作用，つまり規範が与える影響は価

値観保有の有無によって異なるのかについて検討する。ここでは規範に着目する正当性，不満パースペクティブを取り上げる。

　不満パースペクティブによれば，反平等志向的な規範が弱いほど反平等志向的な価値観をもつ人が摩擦を感じるため，もたない人よりも起業活動に従事しがちであると考えられる。とすれば反平等志向的な規範は同様の価値観を有する人により大きな影響を与えることになる。Liñán et al.（2016）は，スペインにおいて地域の個人主義的な規範の強さは起業意図の形成に対する個人の価値観の効果を低下させるという，不満アプローチに符合する結果を得ている。他方，正当性パースペクティブから仮説を理論的に導くことは難しい。そこで相互作用が存在しない可能性と，不満パースペクティブとは逆の可能性の二つを探索的に検証する。

　仮説２a：（正当性）反平等志向的な規範の影響の大きさは反平等志向的な価値
　　　　　観の有無によって変わらない。
　仮説２b：（正当性）反平等志向的な規範は，反平等志向的な価値観を有する
　　　　　人の起業活動をより促進する。
　仮説２c：（不満）反平等志向的な規範は，反平等志向的な価値観を有する人の
　　　　　起業活動をより抑制する。

　最後に，動機別にみた起業活動と規範との関係を検討する。GEMは起業活動を事業機会型と生計確立型に大別する。前者は「ビジネスチャンスを生かす」，後者は「仕事に関してこれより良い選択肢がない」ために行われる起業活動である。

　単に生活の糧を得ようとする生計確立型と比べて事業機会型は大きな収入を起業活動に期待するだろう。反平等志向的な規範はより多くの収入の獲得を許容する規範と考えられる。このため，正当性パースペクティブにおいては，反平等志向的な規範が強いほど事業機会型がより促進されることが予想される。他方，不満パースペクティブによれば，反平等志向的な規範が強いほど職場での報酬制度が実力主義的になる結果事業機会型が生計確立型以上に抑制されるとみられる。さらに，生計確立型は必要に強く迫られて行われるだけに，事業機会型とは異なり規範の影響を受けにくいだろう。以上の議論からは事業機会型が反平等志向的な規範の影響をより強く受けることが予想される。

　これに対して，反平等志向的な規範が強いと経済的な苦境を自力で克服するよう求められがちであり，親族や友人・知人等の間で相互扶助や支援が行われない傾向がみられるかもしれない。とすれば，生計確立型は反平等志向的な規範によって事業機会型以上に促進される.可能性もある。以上より次の仮説を提示する。

　　仮説3ａ：反平等志向的な規範は生計確立型よりも事業機会型の起業活動に強
　　　　　　い影響を与える。
　　仮説3ｂ：反平等志向的な規範は事業機会型よりも生計確立型の起業活動に強
　　　　　　い影響を与える。

3．実証分析

（1）　データと分析の概要

　GEMのAPSは統一された基準に基づき各国・地域の起業活動の水準や態度などを測定しており，1999年以降毎年実施されている。起業活動への従事の基準は，独立・社内を問わず，①新しいビジネスの開始に向けて具体的な準備をしているか，②すでにビジネスを所有・経営しているが当該ビジネスから給与を受け取っている期間が3.5年以内であるかの二つであり，いずれかに該当する場合に従事しているとされる。APSでは，人口構成に応じて抽出された代表標本を調査対象として，各国・地域2000人以上の成人（18～64歳）に対する電話（固定，携帯）でのインタビューが行われている。このため，調査対象には既存事業の模倣的な起業からいわゆるベンチャーまで多様なものが含まれるが，日本の現状を勘案すると前者に近いものが多いものとみられる。

　分析に用いる地域区分は朝日新聞社の地域データベース『民力』（最終発行年の2015年）に基づく。『民力』を用いるのは，八地方区分をベースとしつつ三大都市圏に相当する東京，名古屋，大阪狭域エリアが設定されているからである。たとえば同じ関東地方でも東京近郊とそれ以外では経済社会状況が大きく異なるとみられるため，両者を区分することには意味がある。さらに『民力』では一括されている「甲信越・北陸・東海」「中国・四国」を分割する。以上より，本稿の地域区分は13地域となる（具体的な地域名は後掲表1のとおり）。

　分析期間は次のように定めた。まず地域区分のために必要な回答者の住所を取

得できるのは2007年と2009年以降のAPSである。ただし，2007，2009年調査では反平等志向に関する質問を回答者の半数にしか尋ねておらず，2011，2012年調査では東日本大震災の影響で東北の回答数が例年と比べて少ない[注4)]。また，2019年調査以降はこの質問の選択肢が変更されている。そこで，東日本大震災を契機に構造的な変化が生じた可能性も勘案し，2013～2018年を推計期間とした。

　次に変数をみていく。被説明変数は個人の起業活動への従事状況を示す2値変数（従事＝1，非従事＝0）である。ただし起業後3.5年超の自営業主と「引退者・障がい者」は推計から除外する。さらに，仮説3の検証のために事業機会型と生計確立型それぞれに従事している場合に1をとる2値変数も作成する。

　サンプルのなかで起業活動従事者は全体の4.8％である（表1）。最も高い地域は九州・沖縄（7.0％），次いで東京狭域エリア（5.4％），北海道（5.1％）となっている。一方最も低いのは中国（3.2％）で，東海（3.4％），東北（3.4％）が続く。非三大都市圏には従事者の割合が比較的高い地域と低い地域が混在している。一方，事業機会型，生計確立型に従事しているのはそれぞれ全体の3.6％，1.0％であり，前者は九州・沖縄（4.8％），東京狭域エリア（4.5％），名古屋狭域エリア（3.8％）で，後者は九州・沖縄（1.9％），甲信越（1.8％），北海道（1.3％）で比

表1　地域別起業活動従事状況と反平等志向的規範

地域	起業活動従事者	事業機会型	生計確立型	反平等志向的規範	観測数
北海道	0.051	0.035	0.013	0.539	312
東北	0.034	0.027	0.004	0.528	564
関東	0.044	0.034	0.010	0.523	386
東京狭域	0.054	0.045	0.007	0.587	2089
甲信越	0.051	0.033	0.018	0.550	333
北陸	0.037	0.026	0.011	0.518	189
東海	0.034	0.022	0.008	0.500	358
名古屋狭域	0.049	0.038	0.008	0.567	471
関西	0.038	0.028	0.009	0.581	574
大阪狭域	0.048	0.030	0.010	0.593	690
中国	0.032	0.023	0.009	0.561	434
四国	0.041	0.026	0.008	0.560	194
九州・沖縄	0.070	0.048	0.019	0.536	726
地域計	0.048	0.036	0.010	0.561	7320

注）表3，4の推計に用いたサンプルについての集計である（表2も同じ）。

較的高い。総じて非三大都市圏では起業活動従事者に占める生計確立型の割合が高い。

　一方，主要な説明変数は地域における反平等志向的規範と個人の価値観である。規範は「あなたの国の多くの人たちは，すべての人が同じ生活水準であることを好んでいる」というAPSの質問に対して「いいえ」と回答した人の地域ごとの割合である。回答数を確保するために，推計対象からは除外した起業後3.5年超の自営業主と「引退者・障がい者」の回答も用いつつ，過去２年を含めた３年分の回答に基づき調査年ごとに算出する。一方，価値観については上記質問に対して「はい」と回答した場合に１をとるダミー変数を作成する注5)。

　反平等志向的規範の平均は56.1%である（前掲表１）。地域別にみると，最も高いのは大阪狭域エリア（59.3%），次いで東京狭域エリア（58.7%），関西（58.1%）となっている。最も低いのは東海（50.0%）で，北陸（51.8%），関東（52.3%）が続く。三大都市圏では反平等志向的な規範が比較的強い。

　加えて個人の属性，起業態度，地域の状況をコントロールする（表２）。個人の属性は，年齢（対数），性別（女性＝１とするダミー変数），学歴（大卒＝１とするダミー変数）である。起業態度については知識・能力・経験知覚と事業機会認識を用いる。それぞれ「新しいビジネスを始めるために必要な知識，能力，経験を持っている」「これから半年のうちに住んでいる地域で事業を始める良い機

表２　説明変数の記述統計（n=7,320）

変　数	平　均	標準誤差	最小値	最大値	出所等
年齢（歳）	43.1	12.752	18	64	GEM
女性	0.497	0.500	0	1	GEM
大卒	0.570	0.495	0	1	GEM
知識経験能力知覚	0.105	0.307	0	1	GEM
事業機会認識	0.070	0.255	0	1	GEM
反平等志向価値観	0.562	0.496	0	1	GEM
反平等志向的規範	0.561	0.034	0.468	0.621	GEM
人口増加率	-0.164	0.341	-0.859	0.318	住民基本台帳人口要覧（各年版）
１人当たり課税対象所得額（百万円）	1.492	0.304	1.077	2.034	市町村税税状況等の調（各年版）
第２次産業従事者割合	0.230	0.055	0.157	0.333	経済センサス-基礎調査（平成21年、26年）経済センサス-活動調査（平成24年、28年）
都市圏	0.703	0.457	0	1	平成27年国勢調査
被災３県	0.049	0.216	0	1	岩手、宮城、福島県を被災県と定義

注）出所等に示した統計のうち GEM 以外は総務省が実施。ただし「経済センサ
ス-活動調査」は経済産業省との共管。

会があるだろう」という記述に対して「はい」と回答した場合に1をとるダミー変数である。地域変数は，①過去3年間の年人口増加率の平均，②住民1人当たり課税対象所得額（対数），③第2次産業従業者割合，④都市圏ダミー，⑤被災3県ダミーを用いた（データの出所等は表2のとおり）。それぞれ需要の増減，所得水準，産業構造，都市化の程度，震災被害の大きさを示す。『民力』の地域区分は市町村単位で設定されているため，このレベルで取得可能なデータを用いている。

　最後に推計方法を確認しておく。起業活動従事者は非従事者よりもはるかに少ない。そこで，2値の被説明変数の分析に一般に使われるプロビットに加え，一方の結果が他方と比べて少ない場合に利用される補完対数ログ（complimentary log-log）モデルでも推計し頑健性を確認する。有意水準の検定にはクラスター標準誤差（13地域）を用いる。また，仮説3の検証のために事業機会型と生計確立型に分けた推計を行うが，これら二つの推計の誤差項は相関している可能性が高い。そこで，2変量（bivariate）プロビットモデルを用いて同時に推計する。

（2）推計結果

　起業活動全体（動機で分類しない）についての推計結果は表3のとおりである。モデル1, 2は基本推計，モデル3, 4では反平等志向的価値観と規範との交差項を加えている。交差項の係数は相互作用の有無や大きさを示す。

　結果を確認していく。反平等志向的価値観はモデル1では1％水準で，モデル2では5％水準で有意にプラスである。一方，反平等志向的規範はいずれのモデルでも非有意である。次に交差項を含めた推計をみていくと，反平等志向的価値観はモデル3では有意にプラス，モデル4では非有意である。モデル1, 2よりも係数は小さくなっている。反平等志向的規範はいずれのモデルでもやはり非有意である。また，両者の交差項は有意にプラスである。さらに，規範と交差項の係数の合計がゼロという仮説はそれぞれ10％水準（p=0.071），おおむね5％水準（p=0.057）で棄却される。つまり両者の係数の合計は有意にプラスである。

　以上の結果の解釈は次のとおりである。まずモデル1, 2の結果からは，反平等志向的な価値観は起業活動を促進することが指摘できる。心理特性総計パースペクティブに基づく仮説1aが支持される。規範はすべてのモデルで非有意であり，単独では起業活動に影響を与えない。しかし，モデル3, 4の交差項についての有

表3 推計結果（全体）

推計方法	モデル1 プロビット		モデル2 補完対数ログ		モデル3 プロビット		モデル4 対数補完ログ	
説明変数	係数	有意水準	係数	有意水準	係数	有意水準	係数	有意水準
年齢	-0.099		-0.183		-0.104		-0.196	
	(0.092)		(0.181)		(0.092)		(0.188)	
女性	-0.199***		-0.370***		-0.199***		-0.369***	
	(0.050)		(0.101)		(0.050)		(0.100)	
大卒	0.084		0.245*		0.083		0.248*	
	(0.069)		(0.135)		(0.069)		(0.134)	
知識経験能力知覚	1.310***		2.417***		1.313***		2.419***	
	(0.052)		(0.077)		(0.053)		(0.078)	
事業機会認識	0.676***		1.170***		0.679***		1.171***	
	(0.050)		(0.087)		(0.050)		(0.088)	
反平等志向的価値観	0.140***		0.167**		0.117**		0.124	
	(0.048)		(0.085)		(0.051)		(0.091)	
反平等志向的規範	0.669		1.220		-1.127		-1.497	
	(1.137)		(2.026)		(1.569)		(3.058)	
反平等志向的価値観×規範					3.287**		5.149*	
					(1.507)		(2.838)	
人口増加率	0.360***		0.653***		0.359***		0.676***	
	(0.114)		(0.207)		(0.114)		(0.201)	
1人当たり課税対象所得額	-0.790***		-1.346***		-0.796***		-1.378***	
	(0.162)		(0.236)		(0.162)		(0.243)	
第2次産業従業者割合	-0.076		-0.494		-0.068		-0.411	
	(0.263)		(0.664)		(0.258)		(0.620)	
都市圏	-0.050		-0.151		-0.048		-0.152	
	(0.075)		(0.126)		(0.078)		(0.131)	
被災3県	-0.249***		-0.402***		-0.244***		-0.396***	
	(0.030)		(0.064)		(0.031)		(0.067)	
定数項	-1.527***		-2.800***		-0.506		-1.237	
	(0.586)		(1.056)		(0.870)		(1.772)	
年ダミー	あり		あり		あり		あり	
対数尤度	-1075.36		-1072.43		-1073.64		-1071.16	

注）1.（　）内はクラスター標準誤差である（表4も同じ）。
　　2. 有意水準：***1%，**5%，*10%（表4も同じ）。

意な結果は価値観と規範との正の相互作用の存在を示唆する。つまり反平等志向的な規範は反平等志向的な価値観を有する人に対して起業活動への従事をより強く促す。以上より，規範単独の効果に関する仮説1b，1cは棄却されるが，価値観と規範との相互作用について仮説2bが支持される。

　コントロール変数をみていくと，個人の属性では女性が有意にマイナスであり，男性と比べて起業活動に従事する確率が低い。また，弱いながらも大卒者には起業活動に従事する傾向がみられる。知識・能力・経験知覚，事業機会認識はともに有意にプラスとなっており，起業活動への従事状況を左右する。以上の結

果は多くの先行研究と同様である（高橋ほか，2013など）。また，地域変数について，需要が増加しているほど（人口増加率はプラス），所得水準が低いほど（1人当たり課税所得額はマイナス）起業活動への従事確率は高まる。逆に被災3県では従事確率が低い。第2次産業従事者割合と都市圏は非有意である。

　次に，事業機会型，生計確立型に分けた推計をみていく（表4）。なお，これら二つの推計が独立しているという仮説は棄却されており（p=0.000），2変量プロビットを用いることが適切であるといえる。

表4　推計結果（動機別）

説明変数	モデル5				モデル6			
	事業機会型		生計確立型		事業機会型		生計確立型	
	係数	有意水準	係数	有意水準	係数	有意水準	係数	有意水準
年齢	-0.133		0.068		-0.137		0.056	
	(0.089)		(0.121)		(0.089)		(0.120)	
女性	-0.199	***	-0.052		-0.200	***	-0.049	
	(0.050)		(0.097)		(0.050)		(0.097)	
大卒	0.119		-0.008		0.119		-0.011	
	(0.075)		(0.103)		(0.075)		(0.103)	
知識経験能力知覚	1.281	***	0.747	***	1.282	***	0.750	***
	(0.062)		(0.071)		(0.062)		(0.069)	
事業機会認識	0.758	***	0.223		0.760	***	0.226	
	(0.056)		(0.160)		(0.057)		(0.161)	
反平等志向的価値観	0.064		0.223	**	0.043		0.212	***
	(0.059)		(0.088)		(0.064)		(0.076)	
反平等志向的規範	-0.044		1.490		-1.397		-1.845	
	(1.028)		(1.178)		(1.589)		(1.275)	
反平等志向的価値観×規範					2.582		5.472	***
					(1.899)		(1.503)	
人口増加率	0.308	**	0.526	**	0.309	**	0.535	**
	(0.132)		(0.240)		(0.133)		(0.231)	
1人当たり課税対象所得額	-0.389	***	-1.372	***	-0.397	***	-1.407	***
	(0.136)		(0.272)		(0.140)		(0.264)	
第2次産業従業者割合	-0.247		1.116	**	-0.243		1.181	**
	(0.317)		(0.538)		(0.301)		(0.534)	
都市圏	-0.086		-0.044		-0.084		-0.041	
	(0.087)		(0.088)		(0.089)		(0.088)	
被災3県	-0.154	***	-0.468	***	-0.150	***	-0.466	***
	(0.035)		(0.065)		(0.036)		(0.063)	
定数項	-1.307	**	-3.125	***	-0.535		-1.242	*
	(0.535)		(0.726)		(0.827)		(0.691)	
年ダミー	あり				あり			
対数尤度	-1193.39				-1190.67			

　事業機会型については反平等志向的価値観，規範，両者の交差項とも非有意である。規範と交差項の係数の合計についても有意な結果ではない（p=0.332）。一方，生計確立型について規範は非有意だが，価値観，交差項は有意にプラスである。さらに規範と交差項の係数がゼロという仮説は有意に棄却される（p=0.022）。つまり価値観と規範との相互作用が確認される。反平等志向は生計確立型に対してのみ影響を与えている。仮説３ｂが支持される。

　コントロール変数について起業活動全体の結果（前掲表３）と異なるのは，生計確立型への従事確率は男女，事業機会認識の有無で変わらないことである。また，第２次産業の割合が高い地域では生計確立型への従事確率が高い。これら地域における雇用機会の乏しさを反映しているためと解釈できる。

４．考察と今後の課題

　ここまで反平等志向が日本の起業活動に与える影響を検討してきた。主な結果は①反平等志向的な価値観は起業活動を促進する，②反平等志向的な規範は，同様の価値観をもつ人の起業活動を促進し（相互作用），それ以外の人には影響を与えない，である。上記①，②は主に心理特性総計，合わせて正当性パースペクティブと整合的である。ただし，これらの結果が確認できるのは事業機会型ではなく生計確立型のみである。このように，反平等志向的な規範の効果は価値観の有無や起業活動のタイプによって異なり一様ではない。これは反平等志向的な規範の効果が先行研究で確認されなかった理由の一つといえるかもしれない。

　以上より，反平等志向的な規範は同様の価値観を有する人限定ではあるが生計確立型への従事を促すことで起業活動の水準を高めるというのが本稿の結論である。反平等志向的な規範が１標準偏差（3.4％ポイント）平均から高まると同様の価値観の保有者が生計確立型に従事する確率は約1.1％から1.4％に上昇する（表４のモデル６に基づく）。

　反平等志向的な規範の効果が生計確立型のみでみられるという結果の解釈に当たっては渋谷（2011）の考察が参考になるように思われる。渋谷（2011）によると，労働条件が厳しい非正規雇用の若者は，不安定ながら金持ちになる大きな可能性を秘めたアントレプレナーへの強い憧れを抱いている。とすれば，これらの若者は反平等志向的な価値観を内面化しているだろう[注6]。加えて，その多くは

経済的に強く頼れる他者を有していないものとみられる。そのような状況にあれば厳しい状況を打開すべく，事業機会を明確に認識していなかったとしても起業活動に望みをかけるというのは十分理解できる。地域の（特に仲間内での）反平等志向的な規範が強いほどこのような起業活動が後押しされる。こうした状況にあるのは若者だけとは限らない。生計確立型についての本稿の結果は，このような厳しい現実に置かれているからこそ起業にあこがれる人々の存在を示唆する。

　しかし，雇用創出や競争促進など起業活動に期待される役割を果たせる生計確立型は多くはないだろう。とすれば，生計確立型を中心に起業が増えたとしても経済的な効果は限定的である。それどころか生計確立型の廃業可能性が高いとすれば，廃業コストの増加を通じて経済的に負の影響を与えることもありうる。反平等志向の強まりによる起業活動の活発化が最適な結果をもたらすとは限らない。

　以上の議論からは，反平等志向的な規範が強い地域ではより慎重な起業支援を要するという含意が導かれる。十分な知識・経験・能力や綿密な計画などを有しない生計確立型の起業は少なくない可能性がある。起業家の適性や計画の妥当性などについて的確なアドバイスを提供することがこれらの地域の支援機関には期待される。同時に，いたずらに起業を増やそうとするのではなく起業後のパフォーマンスも支援の評価基準として取り入れることも検討すべきであろう。

　本稿の課題は以下のとおりである。第1に，反平等志向の定義と測定をより精緻にすることである。本稿ではデータの制約もあり生活水準の格差の容認を反平等志向としたが，SSMの他の基準や資産など他の配分対象の考慮も必要であろう。同時に，再分配志向の強い政党への投票率などの客観的な指標の活用によってより精緻に概念を測定することも検討すべきである。そもそもの問題として反平等志向的な規範が強まってきた背景についての分析も必要である。第2に，反平等志向的な規範が起業活動に与える影響の経路を明示することである。たとえば，反平等志向的な規範は起業家に対するイメージの変化を通じて起業活動に影響を与えているのかもしれない。第3に，起業活動の分類の精緻化である。起業活動の動機は能力発揮や自己実現，社会への貢献など多様である。本稿の分析ではこれらの多くがおそらく事業機会型に含まれている。この点が事業機会型について有意な結果が得られなかった一因なのかもしれない。第4に，歴史的な分析の必要性である。反平等志向が弱かったであろう高度成長期において起業活動はより活発だった。反平等志向の効果が変化したのか見極める必要がある。

〈注〉

1　SSMの均等原理は高い地位や経済的豊かさについて「誰でもが同じくらいに得るのが望ましい」と操作化されており，本稿の平等志向と親和性が高い。

2　Thurik and Dejardin（2011）では，イングルハートの脱物質主義についての研究を独立したパースペクティブとしている。しかし，本稿の反平等志向と直接関係がないため本文中ではこれを取り上げていない。

3　シュワルツの「平等主義」と起業活動との関係については分析されている。ただし「平等主義」とは個々人が対等な関係に立ち共通の社会的目的の実現や社会機構の維持に取り組むことであり，本稿の平等志向とは異なる概念である。

4　被災3県は2011年調査では対象外，12年調査でもその回答数が極めて少ない。このため，両年の東北地方の回答数は例年のそれぞれ約40％，60％にとどまる。

5　この質問は直接的には日本の状況を尋ねている。ただし，安田（2018）によるとこのような質問への回答には回答者自身の本当の認識が強く反映されている。また織田・阿部（2000）は自分の理想に引きつけて現実を把握する傾向を「正義の世界」仮説と呼ぶ。以上を踏まえ個人の回答を価値観と解釈している。

6　渋谷（2011）が描くアントレプレナーは，事業を立ち上げるだけでなく，自分に投資しつつ自己実現を図る主体と捉えられている。また，本文で示した状況は自己実現や現実への不満という観点から考察されている。

〈参考文献〉

1　Baum, J. R., J. D. Olian, M. Erez, E. R. Schnell, K. G. Smith, H. P. Sims, J. S. Scully and K. A. Smith（1993）"Nationality and work role interactions: A cultural contrast of Israeli and U.S. entrepreneurs' versus managers' needs," *Journal of Business Venturing*, 8, pp.449-512.

2　Cinar, E. M., T. Hienkel, W. Horwitz（2019）"Comparative entrepreneurship factors between North Mediterranean and North African countries: A regression tree analysis," *The Quarterly Review of Economics and Finance*, 73, pp.88-94.

3　Coduras, A., J.A. Clemente and J. Ruiz（2016）"A novel application of fuzzy-set qualitative comparative analysis to GEM data," *Journal of Business Research*, 69, pp.1265-1270.

4　Crnogaj, K. and B. B. Hojnik（2016）"Institutional determinants and entrepreneurial action", *Management*, 21, pp. 131-150.

5　古市憲寿（2012年12月）「創られた起業家―日本における1990年代以降の起業家政策の検討」『社会学評論』第63巻第3号pp.376〜390

6　橋本健二（2018年）『新・日本の階級社会』講談社。

7　井手知之（2011年7月）「社会階層論における政治意識―社会構造と政治変動―」『選

『挙研究』第27巻第 1 号pp.72〜84

8　Liñán, F., J. A. Moriano and A. Jaén（2016）"Individualism and entrepreneurship: Does the pattern depend on the social context?" *International Small Business Journal*, 34(6), pp.760-776.

9　宮野勝（2000年）「公平理念はどのように形成されるのか　概念の整理と日本の位置づけ」海野道郎編『日本の階層システム 2　公平感と政治意識』東京大学出版会, pp.85〜102

10　森口千晶（2017年 4 月）「日本は「格差社会」になったのか―比較経済史にみる日本の所得格差」『経済研究』第68巻第 2 号pp.169〜189

11　織田輝哉・阿部晃士（2000年）「不公平感はどのように生じるのか　生成メカニズムの解明」海野道郎編『日本の階層システム 2　公平感と政治意識』東京大学出版会, pp.103〜125

12　渋谷望（2011年 3 月）「アントレプレナーと被災者―ネオリベラリズムの権力と心理学的主体」『社会学評論』第61巻第 4 号pp.455〜472

13　Sternberg,R., C. Tamásy, and C. Otten（2000）*Global Entrepreneurship Monitor Länderbericht Deutschland* 2000.

14　高橋徳行・磯辺剛彦・本庄裕司・安田武彦・鈴木正明（2013年 3 月）「起業活動に影響を与える要因の国際比較分析」*RIETI Discussion Paper Series*, 13-J-015

15　Thurik,R. and M. Dejardin（2011）"Entrepreneurship and Culture," in van M. Gelderen and E. Masurel（eds.）*Entrepreneurship in Context*, Routledge, pp.175-186.

16　Walker, J. K., M. Jeger and D. Kopecki（2013）"The role of perceived abilities, subjective norm and intentions in entrepreneurial activity," *The Journal of Entrepreneurship*, 22(2), pp.181-202.

17　安田武彦（2018年12月）「地域の起業活動とその水準の決定要因（その 2 ）」『経済論集』第44巻第 1 号pp.55〜78

（査読受理）

産地中小企業における
「内製か外注か」の選択プロセス

山形大学　吉原元子

1　はじめに

　グローバル化の進展，少子高齢化をともなう人口減少，技術進歩といった近年の環境変化に応じた産業集積の様相変化について，主に機械工業集積を対象とした研究の蓄積がなされており，産業集積の「広域化」が共通して観察されている。

　東京都大田区を研究対象とした中小企業基盤機構（2009）は，域外需要・技術等の変化に対する個別企業のリアクションとして，川下統合を進めて周辺加工を取り込む一方，域外発注が増加していることを指摘している。一見相反するその行動の背景には，小ロット・短納期化や工程管理の徹底という発注側の要求に応えるために自社内に工程を取り込むことを選択する一方，製品・工程バリエーションの増大にともなう特殊加工ニーズに対応するために，自社と機能重複部分が大きい域内企業への外注が回避され，域外企業への発注が増える状況が明らかにされている。

　松原（2018）は広域関東圏の産業集積8地域の分析から，購入部品の増加と内製化の進展により，産業集積域内での企業間取引の割合が低下し，取引空間の広域化がみられるとした。渡辺（2011）においても，産業集積の経済性は各産業集積によってその地理的広がりは異なるとしながらも，産業インフラの高度化が産業集積の地理的広がりを一般に広域化させていると述べる。また，吉見（2012）は競争力向上にむけて，受発注地域の広域化による産業集積の広域的な相互活用の可能性を提言している。

　機械工業集積における「広域化」は，需要の変化に適応するために集積内の個別企業がビジネスシステムを変化させている結果として生じており，産業インフ

ラ整備や技術進歩がその動きを後押ししている。ビジネスシステムとは，「原材料や部品の調達から，生産，販売，そして流通とアフターサービスに至る事業の仕組み」（加護野・山田2016, p.i）であり，機械工業集積では特に調達から生産，販売という工程に空間的な変化がみられる。

　このように，個別企業がビジネスシステムの再構築，特に生産とその隣接する工程を見直す際に，重要となる意思決定として，個別企業の「内製か外注か（make or buy）」選択がある。環境に適応したビジネスシステムを新たに構築する際に，不足する資源や機能をどのように確保するかという問題であり，さらに社外からの確保（buy）を選択した場合，集積域内と集積域外のどちらを選択するかという問題は，産業集積の生産構造に影響を与えると考えられる。機械工業集積にみられる「広域化」は，個別企業の選択として集積域外との関係を強めてきたことにある。

　一方，集積内で生産工程がほぼ完結してきた地場産業を中心とする産業集積（産地）において，個別企業のビジネスシステムの再構築に向けた「内製か外注か」選択がどのように行われているのか，本稿では注目したい。

2 分析の枠組み

　地場産業とは，「産業としての歴史性・伝統性をもち，地域内から資本・労働力・原材料を調達して特産品（あるいは消費財）製品を生産し，これにかかわる企業が社会的分業形態をとって，特定地域へ集積する（いわゆる「産地」を形成する）という特徴をもつ産業」（上野2007, p.5）であるとされ，生産にかかわる企業が社会的分業を行っていることが一つの特徴である。

　産地に形成された社会的分業を存立基盤とする中小企業は一般に特定の工程に専門化しているため，全体の工程のうち一部でも欠けると製品を完成させることが困難になる。現在，地場産業を中心とする産業集積（産地）において需要の縮小などの環境変化によって産地の事業者数は減少しており，産地内で形成されてきた社会的分業の機能は弱りつつある。

　製品生産に必要な工程が産地になくなる状況は，産地企業の廃業等によって産地からその機能が失われることで生じる場合がある一方，産地企業の積極的な環境適応行動から生じる場合がありうる。つまり，需要の変化に対応して新規事業

や業態転換に挑戦したことにより新たな機能が必要となったにもかかわらず，それが産地内では貧弱であるという場合である。本稿では後者の場合を取り上げ，環境変化のなかで生き残りをかける産地中小企業が，どのように必要な機能を獲得するのかに着目する。

　企業が不足する経営資源や機能を獲得する手段として，「内製か外注か（make or buy）」という区分がある。取引費用経済学からのアプローチでは，取引費用が最小化されるところで企業の境界が決まる（Coase 1988, Williamson 1975）。市場で取引を行うことがもっとも効率的であれば市場で取引が行われ，組織内部での取引が効率的であれば内部での取引が行われる。さらに，資産の特殊性や取引頻度・継続期間，取引の複雑性・不確実性などの取引特性によって，市場取引あるいは内部取引を円滑に行うための様々なメカニズムが作られる（Milgrom & Roberts 1992）。

　経営資源の制約がある中小企業にとって，効率的に資源を活用するための「内製か外注か」選択は常につきまとう。中小企業は必要となる経営資源をすべて内部に取り込むことは現実的ではなく，中核業務に有用な資源を保有することに集中し，不足する資源あるいは周辺的な資源は外部から補完することを一般に選択する。一方，必要となるすべての資源を市場から調達しようとすると取引費用がかさんでしまう。そのため，中小企業が中核業務に専門化するためには，外部性として取引費用を節約できるメカニズムが必要となる。

　取引費用を節約するための一つのメカニズムとして，資源をすべて内部化するのではなく，あるいは外部化するのでもない「中間組織」を形成することがある（今井・伊丹・小池1982）。中間組織は，市場への完全な依存や組織への完全な統合から生じる非合理に対する解決策であり，中間組織は企業間協調，業務提携，系列，企業集団などのかたちで現れる。

　産地に形成された社会的分業による生産体制は，中間組織の一種であると考えられ，取引費用を節約するメカニズムとして産地中小企業の存立基盤となってきた。特定の工程に専門化した産地企業が近隣に立地しているという外部性が，産地中小企業の資源利用の効率性を高めていたといえる。

　中間組織としての産地の社会的分業体制が取引費用を節約できる理由として，まず企業間の機会主義的行動が抑制されることが考えられる。潜在的取引先・顧客が地理的に近接立地することによって評判は伝わりやすく，さらに地場産業は

地域内から資本・労働力等を調達することから企業は社会的な諸関係に埋め込まれている（上野2007）。機会主義的行動は地域から排除されるリスクが大きいため，取引を監視する費用を低減できる。

　また，多くの産地は長い伝統にもとづく共通の経験をもつため，互いを理解するためのコミュニケーションの壁が相対的に低いことが考えられる。近接立地はフェイストゥフェイスの交渉を容易にし，技術や設備，能力等に対する企業間の情報の非対称性を小さくするのに有利である。

　産地企業が新たな外注先を探す場合，相手が産地内に立地していればこのメリットを引き続き享受できる可能性は高いが，様々な理由で産地外から取引相手を探さなければならなくなったときには，産地内では解消されていた取引費用にかかわる問題がのしかかる。

　以上のことから，産地中小企業が新たな経営資源や機能を獲得しようとするときに，二つの問題に直面すると考えられる（図1）。一つは，新たに必要となった機能や経営資源を内部で確保するか，外部から調達するかという問題である。もう一つは，外注を選択した場合の，取引先を産地内にするか産地外にするかという問題である。取引費用を節約するメカニズムとして作用してきた自らの産地を超えて取引先の範囲を拡大することは，取引費用の追加負担という課題を解決する必要がある。

図1　本稿の問い

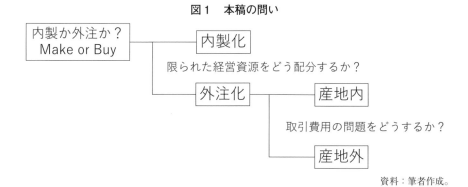

資料：筆者作成。

3　山梨県郡内地域における繊維産地

　産地中小企業の戦略的行動によってそのビジネスシステムが産地内の社会的分業と必ずしも適合しなくなり，製品生産に必要な機能が産地になくなった場合，産地中小企業はどのように上記二つの選択を行うのかについて考察する。本章では，織物産地において新規事業を展開する中小企業M社を事例に考察する。

　M社は山梨県東部にある織物産地に立地している。当織物産地は富士吉田市，上野原市，大月市，都留市，西桂町にまたがって展開し，いわゆる郡内産地を形成してきた。加賀美（2006）によると，郡内産地の歴史は古く，明治期から第二次世界対戦前までの主力製品は「甲斐絹（かいき）」と呼ばれ，主に絹織物産地として発展した。産地製品は先染め・細番手の糸を高密度に織るという特徴をもち，戦後は洋装用の裏地を中心に成長した。1955〜70年にかけての主要生産品目は服裏地，袖裏地，胴裏地，膝裏地であったが，1972年にピークを迎え，生産品目は夜具地，座布団地，洋傘地へ展開した。1981年からは特にネクタイ地の生産拡大が起こり，先染めネクタイ地生産量では全国の約7割を占めるまでになった。しかし，バブル崩壊を機に産地の生産量は急速に落ち込んだ。

表1　富士北麓・東部地域の織物生産概況

	1969年	2003年	2018年
総生産額（百万円）	28,028	12,070	7,998
総生産量（千平米）	74,984	15,943	11,233
ネクタイ地	659	1,314	375
座布団地	9,234	1,617	217
マフラー類	1,220	223	116
インテリア地	-	4,063	6,494
婦人服地	-	2,166	554
夜具地	7,589	110	160
服裏地	24,619	1,922	412
袖裏地	7,263	3,133	2,525
洋傘地	1,344	829	305
和装地	9,475	21	4
その他	594	491	71

資料：山梨県富士工業技術センター提供資料より作成。

　郡内産地の特徴は，①生産品目の多様性および多品種少量生産体制であり，インテリア地，ネクタイ地，袖裏地など洋風製品が主力の一方，夜具地，座布団地，傘地など伝統的な製品が共存している。次に，②産地を構成する企業の零細性であり，従業員数10人以下の小規模企業が大半を占める。そして，③工程ごとに専門化された企業による社会的分業が行われており，一貫生産体制を持つ企業は存在しない。2013年時点では，糸商11社，撚糸32社，染色15社，整経17社，紋意匠6社，吊込2社，親機77社，賃機321社，整理6社が存在する。最後に，④OEMを中心とする取引形態であり，大都市の問屋やアパレルメーカーからの受注生産が主力である（百瀬・吉原2018）。

　郡内産地は生産量拡大にともなって分業を細分化させ，生産の効率化を図るとともに企画・デザイン機能を流通資本に委ねることで，OEM主流の産地が形成されてきた（小俣 2013）。しかし，2000年代に入ってからOEM受注が減少したことで，一部企業による製品企画や製品デザイン，マーケティング，販売の各機能への進出が始まった。M社はその先駆的な企業である。

4　M社の事例[注1]

（1）ビジネスシステムの変更
　富士吉田市に立地するM社は1921年に創業し，現在の従業員数は6名である。創業当初は産地から製品を集めて都市部の問屋に持ち込む買継商であり，取扱商品は裏地から傘地，インテリア地へ変化してきた。

　第一の転機となったのは昭和40年代であり，大手商社からの誘いでカーテンや壁紙向けのインテリア地を始めたことである。郡内産地で中心であった長繊維素材をあえて避け，差別化のために短繊維（スフ）による商品を扱うことにした。当産地で短繊維を扱う製織企業はなかったため，専属の賃機を組織して自社専用の織機を保有することになった。いわゆるテーブル機屋となり，短繊維に関するノウハウを自ら獲得してきた。その後，綿のジャカード織ができることを強みにしてハンカチ地の生産も始め，外国ブランドのライセンス生産を行って問屋に納めていた。

　第二の転機となったのは，1990年代後半にオーガニックコットンに出会ったことである。農薬を使わず環境によいものであると知って大きな将来性を感じた。

ただし，オーガニックコットンは通常の綿に比べて価格は倍以上であるにもかかわらず，見た目は変わらないため，織った生地を問屋に提案しても理解されなかった。売上が減少しているにもかかわらず変化しようとしない問屋の姿勢に対して，M社は方向性の違いを認識し，M社は問屋依存経営からの脱却を決意した。

自社製品の開発と販売に試行錯誤するなかでM社が気付いたことは，ハンカチだけでは売場が獲得できないことであった。そこで「オーガニックコットン」という範囲でアイテム数を増やし，売場での存在感を高める戦略を立てた。

アイテム数を増やすためには，当産地にはない技術（ニットやパイル織等）も必要であった。そこで，M社が加入する日本オーガニックコットン流通機構（NOC）に同じく加入している企業を紹介してもらい，M社ができない技術については他産地の企業との協力によって確保することにした。山梨でできるものは山梨でやることが原則であるが，準備工程の撚糸や整経は浜松，西脇等に送ることもあり，縫製やプリント（後染め）も他地域に外注している。靴下やシャツなど製品として仕入れるものは，奈良や今治に糸を送って製品化した。

現在は，ハンカチ，ブランケット，スリッパ，靴下，パジャマなどにアイテムを拡大し，約400〜500品目を展開している。日常的に手に取りやすくリピートしやすいチャネルの確保を目指して全国展開のオーガニック食品店や地元スーパー等を中心に販路を広げており，工場内販売やネット通販にも力を入れている。

以上の経緯から，M社は第一の転機において買継商から専属賃機をもつテーブル機屋へと転換し，第二の転機ではさらに自社製品企画・販売機能に展開した事例であるといえる。これまでにM社はビジネスシステムの変更により，必要な工程や機能が産地内になくなるという場面に二度遭遇しており，それぞれどのように「内製か外注か」「産地内か産地外か」という二つの選択を行ったのかを抽出する。

（2）企業の境界の変更プロセス

M社がビジネスシステムを変更したのは，まず昭和40年代にインテリア地を始めたことがきっかけである。産地内での製品差別化のために，専属賃機を組織して短繊維に進出した。当初は産地内に短繊維を扱うノウハウがなかったため，準備工程では綿織物産地である浜松や西脇に外注することもあった。しかし，絹織物産地の山梨と綿織物産地では織機のパーツもアタッチメントもすべて違ったた

め，持って帰るたびに変換しなければならなかった。自社と専属賃機でノウハウを蓄積したことで，産地内企業に依頼できるようになり，山梨でも基本的には産地内で完結して綿を扱えるようになったという。つまり，もともと買継商であったM社が新事業を始めるにあたり，賃機を専属化したうえで生産工程への関与を深めた一方，産地内にない準備工程は当初，他産地から調達したが，産地内に技術を持ち込んで基本的な部分は産地内で調達できるようにした。

　次にビジネスシステムを大きく変更したのは，問屋OEM中心の経営から自社製品を中心とした経営に転換したときである。それまで企業として行っていたのは，卸（仕入れた製品を問屋につなぐ）と賃機への生産委託・関与であったが，自社製品型経営に転換するにあたって，商品企画，デザイン，販売という機能を新たに保有した。

　さらに，自社製品バリエーションの多様化を実現するために，従来とは異なる製品調達の方法を導入した。専属賃機による製織工程は維持しつつも，それや産地内でできない製品は，他産地の企業に生産を依頼して製品を仕入れたのである。また，準備工程だけでなく，プリントや縫製といった産地内にはない後工程を産地外に外注した。

　前回のビジネスシステム変更に比べて，他産地を積極的に活用するようになっており，その行動を後押ししたのはインテリア地での経験が大きい。短繊維を扱うために重ねた苦労のなかで，他産地をうまく組み合わせることによって，産地内他企業にはできないことができるようになったことが自信になったという。今後，郡内産地はさらに縮小することが予想されるが，他産地とのつながりをもつことで生産を維持できると期待している。

5　産地企業における選択の基準

（1）「内製か外注か」問題

　産地中小企業が環境に適応するため，新たな経営資源や機能を獲得しようとするとき，一つの問題は，内部で確保するか，あるいは外部から調達するかということである。

　M社には2度の転機があり，1回目は生産機能すなわち短繊維素材の製織工程に関わる組織を構築し，自ら生産工程に深く関わるという選択をした。2回目は，

そこに製品企画・デザイン・販売機能を内製化する一方，製品バリエーションの多様化を実現するための生産機能の追加分（製品購買・後工程）は外注化した。

　第一の転機において，主な競争相手と設定したのは産地内同業者であり，競合を出し抜くために産地では誰も扱っていなかった短繊維素材を扱うことを決めた。反面，産地内では獲得できないノウハウがあったため，高い費用をかけて技術互換性の乏しい他産地から学習することになった。

　当時，産地内にはM社が自ら専属化した賃機を含め，製織やその関連事業者が数多く存在し，互いに競争していたことを考えれば，M社に限らず産地内事業者には産地内での競争を避けるための製品差別化へのインセンティブがあると考えられる。このような産地内の競争環境の中では，産地にない新技術は魅力的であり，これを扱うノウハウが確立されていれば参入する事業者が現れ，産地内で新技術の普及が進む。M社は短繊維を扱うノウハウを自ら蓄積したことによって，賃機を含め産地内事業者を自社のビジネスシステムに誘引し，組み込むことに成功した。つまり，既存の産地内分業を利用することが可能になり，産地外に外注するよりも長期的にみて取引費用を含めた生産費用の節約に成功したと考えられる。

　第二の転機において，M社が自社製品（ハンカチ）を開発して小売や消費者へ販売することは，かつて取引のあった問屋が競争相手となることを意味する。M社はオーガニックコットンの需要を探索する中で，ハンカチという市場にこだわるのではなく，オーガニックコットンを好む人が求める製品の開発へと方向性を改めた。M社が内製化したのは，その過程において付加価値を生む中核的な機能であるといえる。

　一方，オーガニックコットン製品ブランドをもつメーカーとしてユーザーに認識されるためには，製品バリエーションは必要であっても，必ずしもすべてを自社生産する必要はない。信頼できる相手を見つけて生産を外注することができれば，限られた経営資源を効率的に利用することができる。

　第一の転機と異なるのは，ビジネスシステムの転換に必要とされる工程や機能が産地内に明らかに不足していた点である。第一の転機では長繊維から短繊維への変更とはいえ，あくまで製織とその関連工程内における変更であり，既存の人材や機械等を活用することが可能である。しかし，製品バリエーションの多様化を実現するためには，産地内から調達することが困難な経営資源が必要であり，

当産地が保有する機能の限界が浮かび上がるのである。

　M社は，製品企画・デザイン・販売といったソフトな機能は内製化したが，新たに必要となる工程や製品の調達は産地に外注せざるをえなかった。第一の転機では，産地に形成された社会的分業を中間組織として，取引費用を節約するメカニズムとして活用できたが，第二の転機ではそれができないため，新たな取引費用節約の仕組みが求められたといえる。

（2）「産地内にするか産地外にするか」問題

　産地中小企業が新たな経営資源や機能を獲得しようとするときのもう一つの問題は，外注を選択した場合，取引先を産地内にするか産地外にするかという選択である。先述のとおり，自らの産地を超えて取引先の範囲を拡大することは，取引費用の追加負担というデメリットが生じる。

　M社は短繊維素材の製織工程のノウハウを得るまでに他の短繊維産地へ準備工程を外注している。産地間の技術上の相違から当初は多くのコストを負担せざるをえなかったようだが，そこでの経験や生まれた人脈が2回目の転機で役立つことになった。2回目の転機では，製品バリエーションを増やすために行った産地外への外注で，かつて築いた他産地との伝手があったことがプラスに働いている。つまり，経験学習による取引費用の低減が生じたといえる。

　さらに，製品生産の外注先を探索するために，M社が加入するNOCを通じた紹介を利用したことが，取引費用の低減に寄与した。NOCを通じて節約できた取引費用として，まず取引先探索の費用であり，NOCによって全国に広がる潜在的取引先から大まかな選択肢を絞り込むことができた。さらにオーガニックコットン素材の性質からみて，取引相手が信頼できるかチェックする費用が大きい。一般の綿とオーガニックコットンは見た目で判別できないうえ検査して区別するのも困難であり，品質保証は流通におけるトレーサビリティによって行われる。そのため，オーガニックコットン製品を扱うには品質保証が確実にできる取引先を探す必要があり，共通の問題意識をもつ企業が加盟するNOCの紹介は好都合であったと考えられる。

　とはいえ，地理的に離れたNOC加入企業は，自社が立地する産地の社会的分業体制や社会的緒関係の枠外にあり，共通の経験に乏しいため，同じ産地に立地するよりも取引費用節約のメカニズムは働きにくい。したがって，産地外との取

引は取引費用が余計にかかる可能性があるため，それを上回るほどの価値を得ることが必要となる。M社の状況が第一の転機と大きく異なるのは，オーガニックコットンという高付加価値製品と独自の販売チャネルをもち，納期・ロット・価格といった取引条件をある程度コントロールできることである。第一の転機で扱っていたインテリア地は商社から受注したOEM生産であるため，取引条件に交渉の余地は少なかった。つまり，経営の自立性が高まり，取引費用の上昇分を吸収できるようになったことが，産地外への外注を可能にしたと考えられる。

さらに，産地外に多様な繊維産地が存在し利用可能であることも，産地外への外注が行われる背景にある。

M社の事例から，取引先を産地内にするか産地外にするかという選択は，取引費用の追加負担というデメリットを軽減できるかに左右されることがわかる。

M社が第一の転機で行ったように他産地に飛び込んで人脈を形成し，信頼関係を形成する中で取引費用を徐々に低減するという方法もある。ただ，そこまでにかかる費用や時間は大きく，これを抑制するためには，産地中小企業が地域単位の業界組織だけでなくNOCのような問題意識ベースでの業界組織に加入する意味は大きいといえる。あるいは，取引費用の上昇分を相殺するだけの価値を生み出すビジネスシステムであることも取引先選択の地理的範囲を決めるうえでの条件であると考えられる。

6　今後の課題

個別企業が環境に適応したビジネスシステムを新たに構築する際に，不足する資源や機能をどのように確保するかという問題，さらに社外からの確保を選択した場合，集積内外のどちらを選択するかという問題は，集積の生産構造に影響を与えると考えられ，機械工業集積でみられる「広域化」は繊維をはじめとした産地型集積にもあてはまる可能性は高い。

M社の行動は郡内産地を基盤としつつも，今後の縮小に備えて他産地と機能を補完することでの生き残りを企図している。環境変化への適応行動として合理的であると同時に，その行動は産地内にある既存の社会的分業に変容を迫るものである。産地内で社会的分業が完結できた構造から，産地外との社会的分業が進むことで，産地間の相互依存関係が増し，産地と呼べる地理的範囲が拡大する可能

性がある。

　本稿では，郡内産地におけるM社の事例から，個別企業のビジネスシステムの再構築に向けた「内製か外注か（make or buy）」選択がどのように行われるかを考察してきたが，その選択条件を一般化するにはいまだ不十分であり，より多くの産地と企業事例の分析を行う必要がある。今後の課題としたい。

　本研究は科研費（21K01647）の助成を受けたものである。

〈注〉
1　本稿では2022年6月7日，7月5日に，M社代表取締役にヒアリング調査を実施したデータを使用している。

〈参考文献〉
1　青野壽彦・和田明子・内藤博夫・小金澤孝昭（2008）『地域産業構造の転換と地域経済』古今書院
2　伊藤正昭（2011）『新地域産業論―産業の地域化を求めて―』学文社
3　今井賢一・伊丹敬之・小池和男（1982）『内部組織の経済学』東洋経済新報社
4　上野和彦（2007）『地場産業産地の革新』古今書院
5　内本博行（2016）「中小企業における戦略的連携の創造的方法」『流通経済大学論集』Vol.51 No.3, pp.55-74
6　大田康博（2007）『繊維産業の盛衰と産地中小企業』日本経済評論社
7　奥山雅之・加藤秀雄・柴田仁丈・丹下英明（2022）『繊維・アパレルの集団間・地域間競争と産地の競争力再生』文眞堂
8　小俣秀雄（2013）「山梨県富士吉田織物産地における機屋の経営革新と企業間ネットワークの形成」『経済地理学年報』第59巻, pp.88-110
9　加賀美思帆（2006）「富士吉田織物産地の戦後展開と方策に関する研究」『日本シルク学会誌』第15巻, pp.15-21
10　加護野忠男・山田幸三（2016）『日本のビジネスシステム』有斐閣
11　中小企業基盤整備機構（2009）『規模縮小過程における分業システムの変容に関する調査研究』
12　松原宏（2018）『産業集積地域の構造変化と立地政策』東京大学出版会
13　百瀬恵夫・吉原元子（2018）「産地における中小企業の連携活動―富士吉田地域における織物産地の事例から」『経営経理研究』112号, pp.7-20
14　山崎充（1977）『日本の地場産業』ダイヤモンド社
15　山梨県富士工業技術センター（2016）『LOOM』
16　吉見隆一（2012）「産業集積の現状と課題」『商工金融』第62巻第6号, pp.20-46

17　渡辺幸男（2011）『現代日本の産業集積研究』慶應義塾大学出版会

18　R.H. Coase（1988）*The Firm, The Market and The Law*, The Chicago University

19　P. Milgrom, J. Roberts（1992）*Economics, Organization and Management*, Prentice Hall

20　D. J. Teece（2009）*Dynamic Capabilities and Strategic Management: Organizing for Innovation and Growth*, Oxford University Press.（谷口和弘他訳（2013）『ダイナミック・ケイパビリティ戦略』ダイヤモンド社）

21　O. Williamson（1975）*Market and Hierarchies*, The Free Press

（査読受理）

基礎自治体の中小企業政策にかかる
内部組織の現状と課題
—兵庫県内市町を事例に—

兵庫県　　近藤健一

1．問題の所在と先行研究の整理

1.1　問題の所在

　地方の衰退が著しいなか，その衰退を食い止めるためには地域経済を支える中小企業への支援が重要である。他の政策分野と連携しながら総合的に政策立案等を行っていくとともに，地域の実情に合わせて中小企業のニーズにきめ細やかに対応するために，基礎自治体の役割は大きく，その中小企業政策（施策，事業を含む）の充実を図らなくてはならない（黒瀬，2006，pp.291〜295等）[注1]。

　そのためには政策を支える職員，財源，組織といった実施体制の充実に向けた議論が必要である。本稿では実施体制のうち，組織を取り上げる。行政学においては，職員と並んで組織の能力が充分になければ政策は予定どおりの効果をあげないといわれており（野田，2021，p.123），中小企業政策研究においても，基礎自治体の中小企業政策に係る組織の能力向上について考える必要がある。

1.2　先行研究の整理

　基礎自治体の組織は議決機関（議会）と執行機関に分けられ，執行機関は首長とその補助機関である首長部局と，行政委員会（教育委員会等）に分けられる。本稿で研究対象とするのは，中小企業政策担当部署が含まれる首長部局の内部組織である。首長直近下位の内部組織（以下，単に「首長直下組織」）及びその分掌する事務については地方自治法において条例で定めることとされており（第158条第1項），それより下位の内部組織及び分掌事務については規則に規定されていることが多い。以下，本稿で内部組織という場合は，この条例及び規則に基

づいた首長部局の内部組織を指す[注2]。中小企業政策研究においては基礎自治体の個別事例を検討する中でその内部組織を明らかにしている研究が散見される。

本多（2013）は基礎自治体の中小企業政策に係る実施体制の全体像を明らかにしている数少ない研究で，大阪市の実施体制について，歳出，組織，職員，外郭団体，公設試験研究機関等を検討している。本多（2013）は1960年度以降の大阪市産業局の施策と組織の変遷を検討し，そこでは，1960年度の時点で施策項目に対応して商工課，企業診断課，金融課，貿易観光課等の内部組織が設置されて中小企業の多様なニーズに対応できる体制となっていること，その後，消費者保護行政や観光振興の他部局への移管や中小企業指導センターの廃止，組織名称の変更等が生じているものの，施策と組織について大きくは変化していないことを明らかにしている（pp.95〜99）。また，外郭団体重点型の組織体制の実態も明らかにし，大都市自治体の中小企業政策における外郭団体の重要性も指摘している。

桑原（2000）は，基本法改正以前から独自の産業政策を行ってきた4市区を取り上げ，墨田区，東大阪市は産業政策に取り組むなかで職員数増加とともに複数の組織を設置していること，八尾市は職員数は少なく係で中小企業政策に取り組んでいること，大田区は課で中小企業政策に取り組んでいるが政策企画を主に担当しており，事業実施は区職員が出向する財団法人で実施されていることを明らかにしている。

梅村（2019）は，尼崎市の施策と組織について検討する中で，職員数が減少する中で1992年度に5つあった担当課が2008年度には3つへと再編されており，その間，「ものづくり都市」としての再生という新たな課題に対応するため，2003年に産業立地課が新設されていることを明らかにしている（pp.90〜92）。

久保田（2017）は島根県浜田市長である自身の経験を基に，浜田市の販路開拓専門部署の設置経緯を明らかにしている。その中で販路開拓支援に取り組むに当たって政策の実効性を上げるために，外部化していた組織を担当職員の兼務によって事実上内部化したことを明らかにしており，実際の内部組織の編成にあたっては柔軟な方法があることを示唆している。

このように個別事例に係る先行研究を見ると，中小企業政策に係る内部組織は多様であることが伺えるが，先進的及び大規模自治体では中小企業政策に専門に取り組む内部組織が設置されるとともに，施策項目に対応して中小企業政策にかかる複数の内部組織を設置している団体が多いことがわかる。本稿ではこのよう

に，内部組織が「地域経済を支える商業，工業，観光業，農林水産業等の振興を図る広義の産業政策」から分化した中小企業政策に専門に取り組むことを「専門化」，さらに中小企業政策にかかる分掌事務を細分化し，特定の施策項目に取り組むことを「細分化・専門化」と呼ぶことにする。事例では，職員数の増加や首長の意向で「細分化・専門化」を進めた団体がある一方で職員数の減少によって再編縮小している団体もある。他方で「細分化・専門化」せずに単体で「専門化」した課や係が所管している団体もある。そのほか，関連する外郭団体と一体となって事業を進めている団体もある。

　基礎自治体の内部組織の全国的状況に触れているのが黒瀬（2006）であり，1980年の中小企業振興事業団の調査に基づき，全国では中小企業政策に係る専門の課や係のない市が半数超あることを紹介し，実施体制が充分でないことを示唆している（pp.288〜289）。この調査対象に人口5万人未満の市町村が含まれていないため，基礎自治体では「専門化」がそれほど進んでいないことが伺える。ただし，黒瀬（2006）の依拠する調査は古く，いわゆる平成の大合併で基礎自治体の姿は大きく変化しており（近藤他，2021），現状の把握が必要である。

　以上の先行研究を踏まえると，中小企業政策に係る内部組織は多様であること，現状の把握方法として内部組織の「専門化」と「細分化・専門化」の2つがあること，大規模・先進的自治体で「専門化」「細分化・専門化」が見られること，1980年頃までは全国では「専門化」していない団体が相当数存在していることが明らかにされている。しかし，現在の全国的状況を明らかにすることは課題として残されている。

1.3　本研究で明らかにすること

　多様な政策を実施しなければならない自治体では，政策を分掌するために政策体系をつくり，その政策体系に合うように内部組織がつくられる。政策を分掌させるメリットは事務の専門性を向上させることにあり，その分掌の進み具合を示すのが，先行研究が明らかにした内部組織の「専門化」「細分化・専門化」だと考えられる。組織の専門性を向上させることは，課題と言われている職員の専門性向上に寄与することにより組織の専門的能力の蓄積・継承につながる。そのため，「専門化」「細分化・専門化」を進めることは組織能力の向上の1つの方策と言えるが，その一方でこの2つの進行は組織の縦割りや政策分野を超えた柔軟な施策立案が難しくなるといったデメリットも生じる。そのようなデメリットはあ

るが,「専門化」さえできていない自治体が多くあると見られる現状では,まず
は専門性を向上させて,専門的能力の蓄積・継承に努める必要があるという課題
認識の下,本稿では条例及び規則に規定された分掌事務の幅に基づき,中小企業
政策にかかる多様な内部組織を類型化して「専門化」「細分化・専門化」の現状
を明らかにするとともに,専門的能力の蓄積・継承において有利な組織について
確認する。その上で組織及び組織編成の今後のあり方を検討したい。

　以上のことについて,本稿では兵庫県内の基礎自治体(41市町)を事例として
検討する。兵庫県は市町の担当職員数の状況が全国と同じ傾向にあり(近藤他,
2021),広い県土に瀬戸内海沿岸の工業地帯や中山間地域等を抱え,大都市・工
業都市・地方中心都市などの多様な市町を有しているため,全国の動向を探る上
でも参考となると考えられる。ただし,この研究にはまず,資料的な限界がある。
条例・規則の分掌事務は実態を正確に反映しているとは限らない。また,本多
(2013)が指摘するように,組織面からの実施体制の実態をより正確に把握する
ためには外郭団体も含めて検討しなければならないができていない。このような
限界はあるが,今後の基礎自治体の実施体制をより実効性あるものにするための
議論として本研究には意義があると考える。

2.　首長直下組織から見た中小企業政策の位置づけ

　まず,組織の観点から基礎自治体における中小企業政策の位置づけを確認す
る。中小企業政策の範囲については様々な定義があり得るが,本稿では実態に即
して,中小企業の経営支援,商業・商店街振興,中小企業融資制度,鉱工業振興,
創業・新産業等支援,企業誘致及びそれらに付随する施策項目とする[注3]。分掌
事務にこの施策項目のいずれか(全部又は一部)を含む最小単位の内部組織を本
稿では「中小担当組織」とし,その中小担当組織を所管する首長直下組織を「中
小首長直下組織」と呼ぶ。モデルとしては,基礎自治体の首長部局は図1のよう
に「部(又は局等)―課(又は係等)」といった内部組織で編成されているが,中
小首長直下組織と中小担当組織の間に室等が設置され団体によって階層数は異な
る。兵庫県下の中小首長直下組織は1～4階層で編成されている。

　兵庫県下の中小首長直下組織の組織編成からは以下の2点が指摘できる。1点
目は,中小首長直下組織は,中小企業政策だけでなく,観光,労働,農林水産業

図1　基礎自治体の内部組織（モデル）

（出所）筆者作成。

のいずれか（全部又は一部）を所管していることである。中小首長直下組織が上記4政策すべてを所管している団体は26（63.4％），中小に加えいずれか2政策を所管している団体は13（31.8％）あり，基礎自治体において首長直下組織レベルでは中小企業政策は「専門化」することなく，地域産業政策（広義）の1つとして他の3政策と一体のものとして位置づけられていると言える。上記4政策分野をまとめて以下，「産業関連分野」と呼ぶことにする。職員数が多いほど当該政策に重点を置かれていると仮定すれば，この産業関連分野について総務省「地方公共団体定員管理調査」で41市町の職員数（2020年）が最も多いのが農林水産業部門である（中小企業（商工）335人，観光286人，労働53人，農林水産業875人）。ただし，都市部である阪神間（神戸市，尼崎市，西宮市，芦屋市）とそれ以外では状況が異なることについて留意が必要である。

　2点目は，産業関連分野以外の異分野も所管する中小首長直下組織が多いということである。団体によって所管する異分野の幅は大きく異なるが，全県では産業関連分野のみを所管する組織（15団体，36.6％）よりも異分野も所管する組織（26団体，63.4％）が多い。このように中小首長直下組織における「専門化」が進んでいない状況の下で，専門的能力の蓄積・継承を図るためには，少なくとも最小単位の中小担当組織における体制構築が重要となる。そこで，次に兵庫県内の中小担当組織の現状を確認する。

3．基礎自治体における中小担当組織の現状と課題

3.1　基礎自治体における中小担当組織の類型

　中小担当組織を分掌事務に基づき「専門化」の程度で類型化すると，大きく3つの類型に分けられる（表1）。1つ目は，中小企業政策のみを所管する「中小

専任組織」である。一例である西宮市商工課の分掌事務を見ると，中小企業政策について，調査・立案，商業振興，工業振興，企業立地，創業支援，中小企業融資，特産品振興（西宮ブランド産品の育成等）とほぼ網羅的に所管している。なお，ここでは比較しやすいように，中小専任組織が１つしかない西宮市を取り上げたが，後述するように複数設置している団体も少なくない。

　２つ目は，中小企業政策に加え他の産業関連分野を所管する「産業関連組織」である。川西市産業振興課は商業振興，工業振興，中小企業支援等の中小企業政策に加え，農林水産業及び労働に係る事務も所管している。農林水産業に関してはその振興以外に農業保険，農業土木事業，ため池等幅広く所管しており，労働

表1　中小担当組織各類型の分掌事務の事例（2020年度）

類型 事例	中小専任組織 西宮市商工課	産業関連組織 川西市産業振興課	異分野統合組織 多可町商工観光課
中小企業政策	(1) 産業振興施策に係る調査及び研究 (2) 産業振興施策に係る政策立案及び推進 (3) 商工業の振興，育成及び指導 (4) 企業立地等関連業務 (5) 工場立地等関連業務 (6) 創業支援 (7) 特定商工業者負担賦課の許可及び商店街振興組合の設立認可等 (8) 商店街振興組合等の高度化事業計画の認定等 (9) 商工業団体との連絡調整 (10) 商業出店に係る指導及び助言 (11) 中小企業に対する融資の斡旋 (12)「フレンテ西宮」（商業施設） (13) 西宮ブランド産品の育成及び販路拡大	(1) 商工業の振興 (2) 中小企業の支援 (3) 商工業関係機関, 団体との連絡 (4) 中心市街地活性化に係る調整 (5) 鉱物の試採掘 (6) 採石法に基づく協議 (7) 川西能勢口振興開発株式会社への出資	(1) 商工業の振興 (2) 特産品の開発 (3) 企業誘致 (4) 杉原紙研究所
その他産業関連分野		(1) 農林業の振興 (2) 生産組合 (3) 農業保険事業 (4) 農業土木事業 (5) 鳥獣の保護及び狩猟の適正化に関する法律 (6) 農業委員会事務局との連絡 (7) 内水面漁業 (8) 農業用ため池の安全対策 (9) 畜産 (10) 労働者の福利厚生 (11) 雇用対策 (12) 川西市森林環境譲与税基金	(1) 観光交流の推進
異分野			(1) 村づくり事業 (2) 地域交流施設の管理運営 (3) 国際交流及び市町村交流

（注）庶務に関する分掌事務は除く。
（出所）各市町の条例・規則（2020年度）に基づき筆者作成。

に関しては雇用対策と福利厚生を所管している。

　３つ目は，産業関連分野以外の政策分野も所管する「異分野統合組織」である。多可町商工観光課は中小企業政策に係る分掌事務を見ると商業振興，工業振興，企業誘致，特産品振興のほか，兵庫県指定の伝統的工芸品である杉原紙の研究所を所管している。その中小企業政策以外に，産業関連分野である観光振興に加え，村づくり事業や国際交流・市町村交流などの異分野を所管している。

　41市町での中小担当組織は71あり，最も多いのは産業関連組織30（42.3％），続いて中小専任組織27（38.0％），異分野統合組織14（19.7％）となっているが（表無し），このうち専門的能力の蓄積・継承に有利な内部組織は次のように考えられる。分掌事務を中小企業分野，産業関連分野（中小企業分野を除く），異分野の３分野に仕分けした上で，各類型におけるそれぞれの分野の事務数を見たのが図２だが，中小専任組織以外では中小企業分野は半分程度に留まり，残りは他の産業関連分野や異分野が占めていることがわかる。

図２　基礎自治体における中小担当組織の各分野の事務数（兵庫県，2020年度）

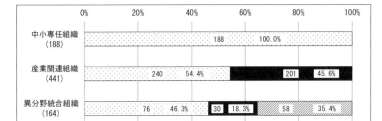

（注）数値は分掌事務数。なお，庶務に関する分掌事務は除く。
（出所）各市町の条例・規則（2020年度）に基づき筆者作成。

　このことを職員の担当する事務の観点から見ると，地方自治体においては単位組織の分掌事務を全員で分担させ，人を見ながら柔軟に個人の担当事務を決定する「大部屋主義」がとられている（大森，2006，pp.61〜63）。そのため，中小担当組織の分掌事務の幅が広ければ職員の担当事務の幅も広がる可能性が高くなり，担当職員は主担当が中小企業政策であっても一部で他分野の事務を担当することなどにより，中小企業政策にかかる経験は相対的に弱くなる。したがって，

専門的能力の蓄積・継承のためには，産業関連組織や異分野統合組織よりも中小専任組織が有利と考えられる。また，植田（2007），関（2005）は専門的能力に加えて担当職員の「意欲」や「思い」の重要性を指摘している。中小専任組織であれば，所属長を含む管理・監督職や一般職員の全員が中小企業政策に従事しているため，「意欲」や「思い」も醸成しやすくなると推測される。

3.2　中小専任組織設置団体の状況

次に，各団体が中小担当組織をどのように編成しているのか確認するために，41市町を中小専任組織を設置の団体（以下，「中小専任組織設置団体」），中小専任組織はないが産業関連組織を設置の団体（以下，「産業関連組織設置団体」），中小専任組織・産業関連組織どちらもなく異分野統合組織のみを設置の団体（以下，「異分野統合組織のみ設置団体」）の3つに区分すると，中小専任組織設置団体は13（31.7％），産業関連組織設置団体は21（51.2％），異分野統合組織のみ設置団体は7（17.1％）となっている（表2）。

表2　担当職員数別における中小担当組織の設置状況（兵庫県，2020年度）

（単位：団体数）

担当職員数	該当団体名	該当団体	中小専任組織設置団体	中小専任組織を未設置	
				産業関連組織設置団体	異分野統合組織のみ設置団体
41人～	神戸市	1 (100.0%)	1 (100.0%)	0 (0.0%)	0 (0.0%)
11～40人	姫路市，尼崎市，西宮市，加古川市，豊岡市	5 (100.0%)	5 (100.0%)	0 (0.0%)	0 (0.0%)
6～10人	宝塚市，三田市，丹波市，加西市等	10 (100.0%)	6 (60.0%)	4 (40.0%)	0 (0.0%)
1～5人	伊丹市，赤穂市，養父市，川西市，多可町等	22 (100.0%)	1 (4.5%)	16 (72.7%)	5 (22.7%)
0人	稲美町，播磨町，市川町	3 (100.0%)	0 (0.0%)	1 (33.3%)	2 (66.7%)
合　計		41 (100.0%)	13 (31.7%)	21 (51.2%)	7 (17.1%)

（注）下段（ ）内は担当職員数別における構成比。
（出所）総務省「定員管理調査」，各市町の条例・規則（2020年度）に基づき，筆者作成。

先述のとおり，中小専任組織設置団体は「専門化」した中小専任組織によって専門的能力の蓄積・継承において有利であるが，それに加え，他の団体区分と比較すると次のような違いがある。中小企業分野の分掌事務を「経営支援等（経営支援，支援機関，企画立案等）」，「商工業」，「融資制度」，「創業等（創業，新産

業支援等）」，「企業誘致」の５つの施策項目に括り，団体区分別で各施策項目の所管状況を見たのが図３である。商工業については全団体，企業誘致は85.4％の団体が所管しており団体区分間では大きな差は無いが，それ以外の経営支援等，融資制度，創業等は大きな差が見られる。特に，創業等を所管している産業関連組織設置団体，経営支援等及び創業等を所管している異分野統合組織のみ設置団体は３割を下回っている。所管する施策項目数の平均は，中小専任組織設置団体は4.1，産業関連組織設置団体は3.4，異分野統合組織のみ設置団体は3.0となっており（表無し），中小専任組織設置団体の方が低い割合の施策項目もあるが，総じて言えば，中小専任組織設置団体が所管する施策項目数が多く，蓄積・継承する専門的能力の幅が広いと言えるだろう。

図３　団体区分別の中小企業施策の所管状況（2020年度）

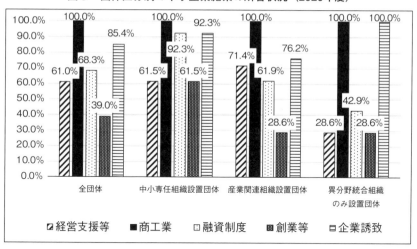

（出所）各市町の条例・規則（2020年度）に基づき筆者作成。

　それではどのような団体が中小専任組織設置団体なのだろうか。41市町を団体区分と担当職員数で整理した表２の内訳を見ると，担当職員11人以上のすべての団体，６人以上の団体の60.0％が中小専任組織を設置しているが，５人以下になると設置団体は4.5％に過ぎない。一般的に職員数が増えるほど内部組織に人員的余裕が生じて様々な取組が可能と考えられるが，兵庫県内では担当職員数６人

以上と5人以下の団体では中小専任組織の設置状況に大きな差が見られる。

このように中小専任組織の設置の有無は担当職員数によって大きく影響されるが，担当職員数はどのように決められるのであろうか。表3は中小専任組織設置13団体の担当職員数と自治体規模（人口，一般行政部門職員数，事業所数，中小企業数）を見たものであるが，県内における順位を見ると多くの団体において自治体規模と担当職員数は関係があることが伺える。ただし，猪名川町，加西市，朝来市，佐用町のように自治体規模は小さくても中小専任組織設置団体となっている事例も見られ，首長等の中小企業政策に対する姿勢や地域経済の課題認識が担当職員数に影響する場合もあると推測される。

表3　中小専任組織設置13団体の状況

	担当職員数		人口		一般行政部門職員数		事業所数		中小企業数	
	順位	人	順位	人	順位	人	順位	所	順位	数
神戸市	1	110	1	1,526,532	1	7,852	1	61,124	1	43,837
姫路市	2	23	2	530,383	2	2,417	2	21,842	2	16,253
尼崎市	3	20	4	458,982	4	1,999	3	16,506	3	12,019
西宮市	4	17	3	485,251	3	2,215	4	13,428	4	9,042
加古川市	5	13	6	261,179	6	1,048	6	7,892	6	5,574
豊岡市	6	11	13	77,871	10	523	9	4,678	7	3,764
丹波市	7	8	16	61,768	14	403	13	3,019	12	2,277
猪名川町	7	8	30	29,800	32	153	38	606	41	347
加西市	11	7	20	42,942	26	202	24	1,854	23	1,364
朝来市	11	7	31	29,215	23	226	27	1,606	27	1,118
明石市	13	6	5	302,473	5	1,260	5	8,407	5	5,713
三木市	13	6	14	75,475	19	317	12	3,054	13	2,258
佐用町	22	4	37	15,976	27	191	36	865	35	677

(注) 順位は兵庫県内41市町における順位。

(出所) 職員数（2020年4月1日現在）は総務省定員管理調査，人口（2020年4月1日現在）は兵庫県企画部統計課による推計人口，事業所数は兵庫県企画部統計課による「令和3年経済センサス活動調査(速報)」，中小企業数（2016年6月時点）は中小企業庁事業環境部調査室による「経済センサス基礎調査・活動調査」および「事業所・企業統計調査（総務省）」の結果を再編加工したもの。

3.3　中小専任組織設置団体における「細分化・専門化」の状況

次に，中小専任組織設置団体の「細分化・専門化」の状況について西宮市と神戸市の2つの事例に即して確認する（図4）。先述のとおり，西宮市は商工課が唯一の中小専任組織であり，西宮市同様に1つの中小専任組織を設置しているの

図4　中小企業政策所管の首長直下組織の組織編成事例（2020年度）

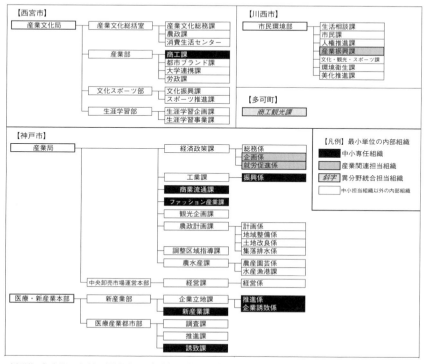

（出所）各市町の条例・規則（2020年度）に基づき筆者作成。

は計5団体（西宮市，明石市，加西市，佐用町，丹波市）である。それ以外の8
団体は複数の中小専任組織を設置している。神戸市は中小担当組織は9つあり，
このうちの7つの中小専任組織（図4の黒抜き）を分掌事務に基づいて見ると，
工業振興（工業課振興係），商業振興（商業流通課），地場産業振興（ファッショ
ン産業課），企業誘致（企業立地課推進係及び企業誘致係，医療産業都市部誘致
課），新産業支援（新産業課）の各施策項目に「細分化・専門化」し対応している。
神戸市以外では中小専任組織の設置数は，姫路市，豊岡市が3，尼崎市，猪名川
町，加古川市，三木市が2となっている。なお，朝来市は中小専任組織は1つし
かないが，産業関連担当組織に主業務を分掌させて企業誘致に特化した中小専任
組織を設置しているため，この類型に含めた。

　神戸市を除く7団体では「細分化・専門化」により，企業誘致型（猪名川町，姫路市，豊岡市，朝来市），政策企画立案型（尼崎市，豊岡市），商業・工業振興分離型（加古川市），中心市街地活性化を含めた商業振興型（姫路市），地場産業（工業）振興型（三木市）の中小専任組織を設置している。三木市が地場産業である三木金物にちなんだ「かなもの振興係」を設置しているように，各団体が限られた資源で地域の課題に対応して「細分化・専門化」しており，より特化した施策項目にかかる専門的能力の蓄積・継承が内部組織内で可能になっていると考えられる。したがって，組織としての上記の観点からすれば，中小専任組織を設置し，さらには「細分化・専門化」することが望ましい組織編成と言える。

　ただし，中小専任組織設置団体は県内市町の3割強に留まっており（表2），先述のとおり，その設置の可否は担当職員数の多寡によるところが大きい。担当職員数は必ずしも自治体規模で決定されるものではないが，それ以外の約7割の団体は当該団体の置かれた状況でやむなく中小専任組織が未設置となっている団体も少なくないと考えられる。本稿では，組織の能力向上の1つの解決方策として，専門的能力の蓄積・継承という観点から内部組織及び編成のあり方を探ってきたが，中小専任組織未設置の団体については別のあり方も求められる。

4．おわりに

　本稿の検討の結果，明らかになったことは次の4点である。1点目は，首長直下組織レベルにおいて中小企業政策に係る「専門化」は進んでいないということである。組織の観点から見て，中小企業政策は産業関連分野の1つに位置づけられており，そのうち重点を置かれているのは都市部以外では農林水産業政策である。さらに，6割以上の団体では中小企業政策は全く異なる政策分野とも組み合わせられていることを踏まえると，専門的能力の蓄積・継承を図るためには少なくとも最小単位である中小担当組織における体制構築が重要だと言える。

　2点目は，中小担当組織は中小専任組織，産業関連組織，異分野統合組織の3つに類型化できるということである。このうち専門的能力の蓄積・継承を図るという観点から望ましい中小専任組織を設置した団体は兵庫県内に3割強あり，さらに中小専任組織を「細分化・専門化」させる組織編成をとることが，より特化した専門的能力の蓄積・継承に有利である。ただし，中小専任組織の設置は環境

整備に過ぎず，そのことをいかに職員の専門的能力の向上につなげていけるかが重要である。中小専任組織設置団体は「専門化」「細分化・専門化」した内部組織を活かし，中小企業政策にかかる人材育成制度の導入，組織として備えるべき能力等の明示及び管理監督職の適切なマネジメントによる職員一人一人の能力の向上，職員自身のより深い経験を蓄積する努力が必要となる。今回知見を得た内部組織の視点を取り入れながら，これらを検討することは今後の課題である。

　3点目は，担当職員数5人以下と6人以上の自治体で中小専任組織の設置状況に大きな差が見られるということである。2005～2019年にかけて全国では担当職員0～5人の団体が大幅に減少する一方で，6～40人の団体が増加しており（近藤他，2021），今回得た知見を加えると，人員の充実が図られただけでなく，中小専任組織設置の条件を備えた団体が増加したということを意味している。

　4点目は，とは言え，兵庫県内において中小専任組織を未設置の団体は約7割もあるということである。全国においても担当職員6人以上の団体は市区町村全体の約3割に過ぎず，中小専任組織を未設置の団体が相当数を占めていると推測される。したがって，未設置の団体における内部組織のあり方を考えることが重要であり，その1つのあり方は，本稿の考え方と同様に中小専任組織の設置を目指すという方向性である。担当職員を増員して中小専任組織を設置し，さらに，人員に余裕があれば，その地域の課題に応じて中小専任組織を「細分化・専門化」して，一層の専門的能力の蓄積・継承に努めていくというものである。

　もっとも，自治体の置かれた状況等を踏まえると，すべての団体が中小専任組織の設置を目指すのは現実的な提言とは言い難い。そこで，もう1つのあり方は，専門的能力の蓄積・継承ではなく，その地域の実情に合わせた事業を軸として，他の政策分野との融合を図りやすい組織体制を構築し，「専門化」した内部組織では進めにくい事業を推進していく能力を組織として習得するというものである。そのことは「専門化」「細分化・専門化」が進んでいる自治体にとっても，そのデメリットである縦割り等によって対応が難しい，新たな課題に政策横断的に取り組む際に必要となる組織観であり，実際に戦略的にそのような中小担当組織を設置している団体も見られる。本稿では以上のような内部組織と編成のあり方は検討できなかったため，今後の課題である。

　本研究については，自治体中小企業政策を支える内部組織の実態を明らかにしたものとして意義があると考える。しかし，上述の課題が残されているほか，重

要な役割を果たしている外郭団体も含めた組織体制の検討も必要である。これら
の課題に今後取り組んでいきたい。

〈注〉
1　本稿で取り上げた先行研究には地域産業政策（農林水産業を含まない狭義の産業政
　　策）を論じた著書もあるが，その場合の地域産業の担い手の中心が中小企業であると
　　考えられることから，中小企業政策を論じているものと見なした。
2　現在，兵庫県下41市町の内部組織にかかる条例（事務分掌条例，行政組織条例等）・
　　規則（事務分掌規則，行政組織規則等）は各団体のホームページ上で公開されており，
　　本稿は2020年12月14日〜25日に閲覧した条例及び規則に基づいている。
3　兵庫県産業労働部産業振興局を中小企業政策部門と見なし，局内の3課2室が所管
　　している主要事業をその範囲とした。

〈参考文献〉
1　本多哲夫（2013）『大都市自治体と中小企業政策』同友館
2　久保田章市（2017）「地方創生における地域中小企業の役割と自治体支援」日本中
　　小企業学会『「地方創生」と中小企業』同友館，pp.3〜15
3　黒瀬直宏（2006）『中小企業政策』日本経済評論社
4　桑原武志（2000）「自治体産業政策」植田浩史編『産業集積と中小企業』創風社，
　　pp.203〜216
5　近藤健一・武内靖貴（2021）「基礎自治体中小企業政策部門の実施体制の現状と課題」
　　日本中小企業学会『中小企業研究の継承と発展』同友館，pp.167〜180
6　野田遊（2021）『自治のどこに問題があるのか』日本経済評論社
7　大森彌（2006）『官のシステム』東京大学出版会
8　関満博（2005）『現場主義の人材育成法』ちくま新書
9　植田浩史（2007）『自治体の地域産業政策と中小企業振興基本条例』自治体研究社
10　梅村仁（2019）『自治体産業政策の新展開』ミネルヴァ書房。

（査読受理）

地方自治体の創業支援と地域中小企業の対応
―自治体・企業アンケート調査の結果を踏まえて―

一橋大学　岡室博之

学習院大学　西村淳一

1．はじめに

　2014年度に開始された「地方創生」の下で，地域振興への地方自治体の積極的な取り組みが重視されるようになっている。その中でも，地域の官民連携に基づく地方自治体の創業支援（岡室・飯塚2018；岡室2021）が注目を集めている。

　1999年末に改正された中小企業基本法では，開業率の低下を背景に，創業支援が中小企業政策の重点課題となった。また同時に，地方公共団体（地方自治体）が，「国の施策に準じて施策を講じる」（旧基本法第4条）代行者ではなく，「国との適切な役割分担を踏まえて，・・・区域の自然的経済的社会的諸条件に応じた施策を策定し，及び実施する」（改正基本法第6条）政策主体として明記された。その後の大きな転換点になったのは，2014年に「産業競争力強化法」施行によって開始された「創業支援事業計画」認定制度と，同年の「まち・ひと・しごと創生法」による「地方創生」である。これによって，改正中小企業基本法に盛り込まれた国と地方自治体の対等な役割分担，2000年に施行された「地方分権一括法」以来の地方分権化の流れと創業支援が明確に結びついたのである。

　しかし，中小企業基本法改正後の20年間に基礎自治体（市区町村）における創業支援がどのように，またどの程度進展したのかは，研究の不足もあり，十分に明らかにされていない。近年，植田・北村・本多編（2012），本多（2013），田中・本多（2014），河藤（2019），梅村（2019）などの研究を通じて，いくつかの自治体におけるさまざまな産業政策，特に中小企業政策の内容が明らかにされているが，創業支援はこのような調査・研究の対象に含まれていない。また，全国の基

礎自治体を網羅する研究は，創業支援事業計画に関する筆者自身の研究（岡室2021）を除いて，見当たらない。

東京市町村自治調査会（2016）は東京都多摩地区と島嶼部の自治体と創業希望者に対する独自のアンケートと聞き取りに基づき，自治体の創業支援の内容と今後の意向，目的と課題，対象業種と対象者，外部機関との連携，創業希望者については創業に関する不安や課題の内容とその相談相手，創業支援の情報の入手先，活用したい支援策等について調査している。しかし，この調査の対象は東京都内の自治体に限られ，また創業後の企業（創業者）を対象とするものではない。

そこで筆者は2021年前半に全国のすべての市と東京23区の815市区の創業支援関連部署，2021年度末には全国の19市区の新設法人企業約8,440社を対象に創業支援に関するアンケート調査を実施し，多様な創業支援の実施状況と利用状況等を調査した。本稿は，これらの自治体・企業アンケート調査の結果を踏まえて，日本の自治体（市区）でどのような創業支援がいつからどのように行われ，創業者にどの程度認知・利用されているかを明らかにすることを目的とする。「創業支援事業計画」認定制度に関する先行研究（岡室2021）を踏まえて，多くの市区が創業セミナーや個別相談対応等のソフト支援を含む多様な事業を地域の官民連携によって実施している一方で，そのような創業支援が地域の創業（希望）者に十分に浸透せず，利用されていないことが明らかになると期待される。

2．アンケート調査の概要

筆者は2021年前半（1月末から3月末と5月から6月）に全国の自治体（東京23区を含む全815市区）の関連部署を対象に創業支援に関するアンケート調査を実施した。調査対象の自治体には回答用 URL と個別のパスコードを記した趣意書を郵送し，ウェブ回答を依頼した。約3分の2（66%）にあたる534市区から回答を得たが，回答自治体の97%が創業支援を実施していた。ただし，回答自治体のうち具体的な創業支援に関する質問項目に回答したのは447市区に留まる。

さらに自治体の回答に基づいて，調査時点において下記の表1に示す13種類の創業支援事業のうち（回答自治体の平均値を超える）5種類以上の事業を実施しており，2020年1月以降100社以上の法人企業が設立されているという条件で19市区を選定し[注1]，2021年度末にそれらの地域の2020年1月以降の新設法人企業

8,440社に対して創業支援の利用等に関する調査を実施した[注2]。これらの企業について約400社の回答（うち2020年以降の創業企業は272社）が得られた。本稿はこれらの調査の主な結果を紹介し，自治体の創業支援の現状を明らかにする。

　自治体調査では，創業支援の実施の有無だけでなく，具体的にどのような支援事業（補助金や融資あっせんのようなハード支援からセミナー開催，個別の助言・指導，専門家の紹介などのソフト支援まで）をいつから実施しているか，都道府県とどのように政策を調整・連携しているか，産業振興センターなどの外部・関係団体や民間支援事業者・団体（地域金融機関，商工会議所，商工会，同業団体，弁護士や会計士などの士業）との関係や分担がどのようになっているかを，詳しく尋ねている。さらに一部の自治体における新規開業企業（創業者）に創業の実態，公的支援の利用の実態やその評価を尋ねることにより，支援を行う側と受ける側の双方から，支援の意義や効果を分析できる設定になっている。創業支援に関する企業調査では，地域の先輩起業家の役割についても尋ねている。

　自治体調査の内容には東京市町村自治調査会（2016）の調査と共通するところもあるが，各支援事業の開始時期や都道府県との連絡・連携，補助金事業の詳細など，独自の調査項目が多い。また，創業希望者でなく実際に創業した人への調査を自治体調査に合わせて行っているところに特徴がある。

3．自治体調査の主な結果

　上記の通り，自治体アンケート調査に回答した市区のほとんどが何らかの創業支援を実施していた。ここでは，回答部署（商工課・産業振興課等）が実施している創業支援の多様性と実績，国や都道府県の創業支援との関連性，関係団体や民間支援事業者との関わり・役割分担に注目し，自治体の施策を明らかにする。

3—1．創業支援への取り組み

　創業支援のための回答市区の多様な取り組みを表1に示す（回答数447；複数回答方式）。創業支援事業の内容はさまざまであるが，多くの市区（部署）はこのうち複数の事業を実施している（実施事業の平均値4.4件，中央値4件）。最も多く実施されているのは⑧創業セミナー・創業塾等（73%），次いで⑨個別の専門的助言・指導（69%）である。このうち，担当部署が最も重視するのは①補助

金給付（30%），次いで⑧創業セミナー・創業塾等（28%）である。

　これらの創業支援の開始年度の中央値は，古い順に③融資・出資あっせん（2008年度），④利子・信用保証料補給（2012年度），⑥研究開発支援（2012年度），⑦入居・立地支援（2013年度）である[注3]。これらの事業は2014年1月施行の「産業競争力強化法」に基づく「創業支援事業計画」の認定以前に回答自治体の半数以上で導入されていたことになる。回答自治体の過半数でいくつかの創業支援事業が2013年度以前から開始されているのは注目に値する。他方，比較的新しい支援事業は①補助金給付（2016年度），⑪創業者の勧誘（2016年度）と⑫起業家教育（2018年度）である。

表1：回答部署が実施している創業支援事業と事業開始年度（中央値）

支援事業	回答数（比率）	開始年度
①創業者・新規開業企業への助成（補助金の給付）	246　（55%）	2016
②新規開業企業への税控除	45　（10%）	2015
③創業者・新規開業企業への融資・出資のあっせん	166　（37%）	2008
④新規開業企業への利子・信用保証料補給	229　（51%）	2012
⑤新規開業企業への販路開拓支援	116　（26%）	2015
⑥新規開業企業の研究開発活動の支援	45　（10%）	2012
⑦新規開業企業の入居・立地支援（家賃補助等含む）	208　（47%）	2013
⑧創業セミナー・創業塾等のイベント開催	326　（73%）	2015
⑨創業希望者への個別の専門的助言・指導	308　（69%）	2015
⑩創業者・創業希望者のネットワーク支援	169　（38%）	2015
⑪市外からの創業者・創業希望者の勧誘	66　（15%）	2016
⑫市内の学校等における起業家教育	55　（12%）	2018
⑬その他	27　（ 6%）	—

　別の質問への回答によれば，これらの創業支援事業の大部分は，2014年以降に認定を受けた各市区の「創業支援事業計画」に基づいて行われている。中央値で見れば，現在行われている4事業のうち3事業が「創業支援事業計画」に基づく事業である。「創業支援事業計画」に基づく支援事業は，⑧創業セミナー・創業塾等（73%）と⑨個別の専門的助言・指導（63%）に集中している。このような支援は元々，行政よりも現場に近い商工会議所等の民間団体・事業者が得意とす

るところであり，「創業支援事業計画」に基づく官民連携によって実施できるようになった自治体が多いと考えられる。

　これらの支援事業を実施している市区に，各事業のこれまでの成果を（所期の目的に照らして）5を最高評価とする5段階で評価してもらったところ，②税控除と⑪市外からの勧誘以外のすべてについて，平均で3.0を超える自己評価が得られた。特に評価点の高いのは「創業セミナー・創業塾等」（平均3.8），次いで「個別の助言・指導」と「補助金給付」（平均3.7）である。

3—2．創業支援における市区と都道府県，民間事業者等の関わり

　回答自治体における創業支援の担当職員数は平均で2.6人（中央値2人），うち創業支援を専門に担当する専従者は平均0.8人（中央値0人）である。つまり，回答自治体（部署）の半数以上には，創業支援の専従職員がいない。したがって，行政におけるマンパワーの不足を外部との連携や分担によって補うことが必要になる。ただし，市区の創業支援において都道府県からの委託事業として行われているものはほとんどなく，都道府県との連携事業として行われているものも少ない。その中でも比較的多いのは，⑧創業セミナー・創業塾等と⑨創業希望者への個別の専門的助言・指導（仲介含む）（ともに17%）である。

　創業支援に関する都道府県庁との情報共有についての質問（回答数442）で最も多い回答は「必要に応じて不定期に都道府県庁から情報が伝達される」（29%），次いで「必要に応じて不定期に情報交換・共有を行っている」（26%）であり，「直接的な連絡や情報共有の機会がない」という回答（21%）も少なくない。一方，毎月あるいは四半期ごとなど定期的に情報交換・共有あるいは情報伝達を行うのは合計で8%に留まる。市区役所と都道府県庁の創業支援関連事業の担当職員の情報交換は活発であるとはいえない。

　次に，市区の創業支援事業について地域の民間団体・事業者（商工会議所，商工会，金融機関等）の役割を尋ねたところ（回答数444），「創業支援事業の一部を分担・協力してもらっている」が64%，「創業支援事業のほとんどを受託・実施している」が25%であり，自治体の創業支援事業において，地域の民間団体・事業者が重要な役割を果たしていることが分かった。次に，自治体（回答部署）が直接実施していない事業のうち，民間団体・事業者が実施している事業を確認したところ（複数選択方式），特に多いのは「個別の専門的助言・指導」（75%），

「創業セミナー・創業塾等」（68％），「融資・出資のあっせん」（57％）であった。このような事業は，まさに民間の支援事業者が得意とするところだと考えられる。

３−３．創業補助金事業について

最後に，創業補助金事業(実施自治体246市区) についての調査結果をまとめる。そもそも，補助金には①創業希望者のみを対象にするもの，②創業後の企業のみを対象にするもの，③その両方を対象にするものがあるが，①が33％，②が19％，③が48％であった。②または③について補助の対象期間を確認したところ（回答数117）平均で創業後2.2年，中央値は１年であった（最長10年）。なお，補助金を受給した創業希望者のほぼ全員が創業しているが，これは補助金が創業後に支払われる（精算払い）場合が多いことを反映していると考えられる。

創業１件あたりの補助金の上限金額（回答数218）は平均で105万円，中央値80万円であるが，最大値1,000万円から最小値１万円までばらつきが大きい。補助率については（回答数212），創業資金の全額補助は少なく（10％），補助率の上限を創業資金の50％（２分の１）とする場合が最も多い（62％）。

2020年度（または2019年度）の補助金の申請と採択の実績をみると（回答数207），申請者は平均９人（中央値５人）で採択者は平均７人（中央値４人）であった。申請者の審査については（回答数219），「書類審査によって支給を決定する」が56％，「書類審査と申請者の面接によって支給を決定する」が27％，「要件を満たしていれば審査を行わない」が17％であった。多くの場合，何らかの審査によって採択者が決定されるということである。

助成事業の周知方法（回答数219；複数回答方式）として最も一般的なのは，「自治体のホームページや市報で公開」（98％），次いで「地域の商工会議所等の企業団体を通じた案内」（83％），そして「創業塾・セミナー・説明会等のイベントで案内」（63％）である。他にもさまざまな方法があるが，SNSの公式アカウントによる案内はあまり行われていない（18％）。

次に，都道府県が実施する創業補助金事業との関係を確認したところ（回答数207），①都道府県による創業補助金の制度はないという回答が20％，②都道府県による創業補助金を受給した場合は（市区の補助金の）対象としないという回答が43％，③都道府県による創業補助金との重複受給を認めるという回答が32％，④申請内容に応じて都道府県による創業補助金の申請を支援するという回答が

14%であった（注4）。このように，都道府県と市区の創業補助金の重複申請・受給が認められる場合と認められない場合があるが，後者の比率が前者より高いのは，特定の創業者に補助が集中しないように（少しでも多くの創業者に補助を行いたい）という配慮の結果であろう。

　創業補助金を実施している市区の過半数（58%）は，助成後の創業者・新規開業企業の事業活動や成果をフォローアップ（追跡調査・支援）している（回答数219；複数選択方式）。また，回答市区の3割（31%）は「補助対象者の創業後も補助金以外にさまざまな支援を提供している」と回答している。その一方で，「受給者が創業するまでをフォローアップしている」（創業後のフォローアップは行わない）市区が22%，以上のようなフォローアップを実施していない市区も27%に上る。

　最後に，補助金事業の対象・要件・上限金額と補助率等の制度をどのような基準や理由によって設計したのかを尋ねたところ（回答数215；複数回答方式），「近隣の自治体（市区）の事業を参考にして決めた」ところが最も多く（62%），「以前の関連する事業に準じて決めた」（36%）と「地域企業の現状やポテンシャルを考慮して決めた」（35%）がそれに続く。複数回答方式なので，これらの理由の組み合わせが主な決定方法ということになる。

4．企業調査の主な結果

　創業支援に関する企業アンケート調査の回答数は404社，回答率は約5％である。ここでは，5つ以上の創業支援事業を実施している19市区（注1）における新規開業企業に注目し，創業者がどの程度，自治体や民間事業者等の創業支援を利用しているか，どのように評価しているかを紹介し，地域の先輩起業家の役割について考察する。以下の集計は，回答企業のうち2020年1月以降に創業した企業に限定して行う。なお，調査対象地域の19自治体では，回答市区全体の平均を大きく超える7.7種類の支援策が実施され，どの支援策についても実施割合が高い。特に補助金と創業セミナーは19市区のすべてで行われている。

4—1．回答企業と回答者（創業者）の概要
　その大半（83%）が独立開業である（残りのほとんどが既存企業からのスピン

アウト）。従業員数の中央値は創業時も現在も1人で，平均は創業時1.6人，調査時点（2022年2月〜3月）で5.1人なので，一部の企業だけが成長していることが窺われる。共同創業者のいる場合が33%。創業者の意欲は概ね高く，今後の事業規模を「拡大したい」という人が82%に上る。

創業者は創業時点で平均45歳。86%が男性である。大学卒業以上の最終学歴（大学院修了を含む）が63%を占める。創業前の職歴は平均21年，うち斯業経験は平均12年である。事業経営の経験者も40%に上る。設立した地域で育った人は6割弱だが，創業前からその地域に住んでいたのは8割で，創業者の多くはその地域と縁が深い。

創業の動機はさまざまであるが，「自由に仕事がしたかった」（23%），「収入を増やしたかった」（16%），「自分の技術やアイデアを事業化したかった」（16%）という積極的な理由がほとんどである。創業の具体的な準備期間は1ヶ月以上3ヶ月未満という短期間が最も多く（42%），3ヶ月以上6ヶ月未満（25%）が続く。

創業資金の平均値は639万円（中央値322万円）で，目標値（平均866万円，中央値500万円）とのギャップが見られる。ほとんどの場合（92%）は創業者自身が自己資金を提供しており（平均369万円，中央値250万円），地方自治体または国からの公的補助金を得た回答者は10%に留まる。回答者の12%は日本政策金融公庫からの制度融資，17%は他の金融機関からの融資を受けている。

4－2. 公的な創業支援の利用

まず，市区による創業支援の利用状況を見てみよう（表2）。何らかの創業支援を受けたのは回答者の22.5%で，大半は支援を利用していない。利用された支援の中で比較的多いのは創業セミナー・創業塾等であるが，それでも7.5%程度に留まる。これは，上記の通り，特にさまざまな創業支援事業を実施している自治体が創業者調査の対象地域に選ばれたことを考慮すると，注目すべき結果である。国や都道府県からの支援についても同様で，利用していない創業者が77%に上る。なお，市区による創業支援を利用しなかった主な理由は「支援を受ける必要がなかった」（43%）と「支援に関する情報がなかった」（40%）である。

表２：市区による支援の利用（有効回答数253）

1. 補助金（4，5，6，7，11以外）	15	（ 5.9%）
2. 税控除	7	（ 2.8%）
3. 融資・出資のあっせん	15	（ 5.9%）
4. 利子・信用保証料補給	10	（ 4.0%）
5. 販路開拓支援	4	（ 1.6%）
6. 研究開発支援	2	（ 0.8%）
7. 入居・立地支援（家賃補助を含む）	3	（ 1.2%）
8. 創業セミナー・創業塾等のイベント	19	（ 7.5%）
9. 個別の専門的助言・指導	7	（ 2.8%）
10. ネットワーク支援	3	（ 1.2%）
11. 企業誘致事業	0	（ 0.0%）
12. 各種相談の窓口，情報提供	9	（ 3.6%）
13. どの公的支援も利用していない。	196	（77.5%）

　なお，市区からの創業補助金を受けた創業者も国や県からの補助金を受けた創業者も回答者の６％に留まる。その理由のひとつとして，創業者側の情報不足が挙げられる。これら公的補助金の平均値は約309万円（ただし中央値は100万円），創業資金に占める補助金の比率は平均43％（中央値50％）であった。「産業競争力強化法」に基づく特定支援創業者の認定を受けたのは回答者の５％のみである。この認定を受けると国から創業資金の50％まで，上限200万円の補助金を受けることができ，さまざまな専門家による継続的なハンズオン支援が保証されるが，回答者の自由回答によれば認定のために膨大な書類準備が必要になり，申請のハードルが高いと推量される。

４－３．地域の民間団体・事業者等による創業支援の利用

　次に，創業支援における地域の民間団体・事業者（商工会議所，商工会，金融機関，士業等）や自治体の外郭団体（産業振興センター等）の役割について見てみよう。次の表３に「創業についてどの機関（専門家）に相談したか」という質問への回答（複数選択方式）をまとめる。この結果から窺える通り，回答者の過半数（59％）は創業にあたって事前に地域の民間組織・事業者等に相談している（「これらの機関・専門家に相談したことはない」が41％）。相談先として最も多

いのは地域の会計士・税理士・弁護士・中小企業診断士等の専門家（士業）（34%），次いで金融機関（25%），商工会議所または商工会（16%）である。

表3：創業に関する相談先の組織・専門家（有効回答数259）

1. 商工会議所または商工会	41	(15.8%)
2. 金融機関	64	(24.7%)
3. 同業者団体	15	(5.8%)
4. 中小企業家同友会・中小企業団体中央会等の団体	3	(1.2%)
5. 地域の会計士・税理士・弁護士・中小企業診断士等の専門家	88	(34.0%)
6. 自治体の外郭団体（産業振興センター等）	18	(6.9%)
7. これらの機関・専門家に相談したことはない。	106	(40.9%)

　次に，「相談した機関や専門家から，助言・指導等の他にどのような支援を受けましたか」という質問（複数回答方式）については，表4の通り，回答者の過半数が何らかの支援を受けている（「特に支援は受けていない」が44%）。支援の内容はさまざまだが，比較的多いのは「各種相談窓口・情報提供」（回答者の24%），次いで「補助金等の申請手続きの支援」（18%），「他の専門家の紹介」（17%），「公的支援の紹介・あっせん」（18%）である。

表4　相談先の機関や専門家からの支援（有効回答数153）

1. 公的支援の紹介・あっせん	27	(17.6%)
2. 補助金等の申請手続きの支援	28	(18.3%)
3. ネットワーク作りの支援（資金調達，販路，人材等）	12	(7.8%)
4. 各種相談窓口・情報提供	36	(23.5%)
5. 他の専門家の紹介	26	(17.0%)
6. 入居・立地支援	6	(3.9%)
7. その他	7	(4.6%)
8. 特に支援は受けていない	67	(43.8%)

　このような地域の民間団体・事業者や自治体の外郭・関係団体による支援への創業者の評価を，市区役所本体による創業支援と比較する形で，表5にまとめる。表の数値は，5：全く同意するから1：全く同意しないまでの5段階評価の項目

別の回答の平均値を示す。「支援を受けていない」「相談していない」という創業者の回答は除外している。この結果をみると，自治体と地域の民間団体等の創業支援で平均的な評価にほとんど違いはないが，特に，④の創業支援の認知と⑥の官民連携について評価が低い（平均値が3を下回っている）ことが注目される。

表5　自治体および地域の民間団体・事業者等による創業支援の評価（平均値）

	自治体	民間団体等
①　創業支援を十分に行っている	3.2	3.2
②　創業支援は自分の創業に大いに役立った	3.3	3.2
③　創業支援は地域の創業者のニーズに合っている	3.0	2.9
④　創業支援は地域の創業希望者に十分に認知されている	2.5	2.7
⑤　創業支援に満足している	2.9	3.0
⑥　創業支援において自治体／民間団体等と適切に連携している	2.8	2.8

4－4．地域の先輩起業家からの支援

最後に，地域の先輩起業家からの影響・支援とその評価をまとめる。ここでは先輩起業家を，「同じ地域の同業種・他業種で貴社よりも早く創業し，一定の成功を収めた起業家」と定義している。まず，「創業した地域にロールモデルとなる先輩起業家がいた」という回答は25%，「創業前から地域の先輩起業家との面識・交流があった」という回答は36%であった。後者のほうが前者よりも多いのは当初の予想とは逆であるが，これには「地域の先輩起業家はいるが，自分のロールモデルとは言えない」という認識が反映されていると解釈できる。「先輩起業家との面識や交流が自治体の支援によってできた」という回答が5％に留まるところから，先輩起業家との関係の構築に対して自治体行政はほとんど貢献していない。

そのような先輩起業家から何らかの創業支援を受けた創業者は31%に上る。先輩起業家からの支援の内容を質問したところ（表6），最も多いのが情報提供（79%），次が助言・指導（74%）であった。他にも，取引先の紹介，人材の紹介，専門家の紹介といったネットワーキング支援が見られるが，出資やそのあっせんはほとんど見られない。地域の先輩起業家の支援（のニーズ）は，資金調達とい

うハード支援よりも情報提供や助言，紹介というソフト支援に集中している。

表6：地域の先輩起業家から受けた創業支援（有効回答数81；複数選択方式）

1．情報提供	64	（79.0%）
2．助言・指導	60	（74.1%）
3．出資	4	（ 4.9%）
4．出資や融資のあっせん	1	（ 1.2%）
5．取引先の紹介	19	（23.5%）
6．人材の紹介	14	（17.3%）
7．専門家の紹介	12	（14.8%）
8．その他	4	（ 4.9%）

　地域の先輩起業家からの創業支援を，5（非常に役に立った）から1（全く役に立たなかった）までの5段階で評価してもらったところ（有効回答数75），平均値は3.9，中央値は4.0であった。これは，市区の行政や商工会議所等の民間団体からの創業支援の評価よりも高い評価である。自治体や地域の支援事業者と比べて，先輩起業家からの情報や助言・指導は，地域の身近な経験者から得られたものであるだけに，創業者にとっては有益な支援と認識されたのだろう。

6．むすびと今後の展望

　本稿は，独自の自治体（市区）調査と地域企業（創業者）調査の結果に基づいて，官民による多様な創業支援の実施と創業者による支援の認知と利用の状況を明らかにした。以上の調査結果からの主な知見を以下のようにまとめる。

1）回答市区のほとんどが複数の創業支援事業を実施している。特に創業セミナーや創業塾，個別の相談・窓口対応が多い。過半数の市区では，これらの事業は2014年以降の「創業支援事業計画」認定後，地方創生の下で開始された。

2）回答市区の多くが，多様な創業支援事業，特に創業セミナーや創業塾，相談・助言を地域の民間事業者団体に委託するか，官民連携事業として実施している。他方，市区と都道府県の連携や情報共有はあまり行われていない。

3）企業調査の対象地域の自治体は創業支援に特に熱心に取り組んでいるが，調査に回答した創業者の約8割は，市区による創業支援を利用していない。個別

の支援事業の利用率は高くても８％程度である。利用しなかった主な理由は
「その必要がなかった」と「支援の情報がなかった」である。

４）創業者の６割は，地域の民間団体・事業者や専門家に創業について相談して
　　いるが，どこにも相談していない創業者も多い（４割）。

５）自治体と民間事業者の創業支援への創業者の評価点はほとんど変わらない
　　が，創業支援の認知度と官民連携の水準については，いずれも評価が低い。

６）地域の先輩起業家と創業前から面識や交流のあった創業者は回答者の約３分
　　の１（36％）に上る。そのような創業者は先輩起業家から助言などさまざまな
　　支援を得て，またその支援を高く評価している。

　以上の調査結果から，自治体（市区）による創業支援について，いくつかの課
題が見えてくる。ひとつは，特に企業調査の対象になった市区が平均で８種類の
創業支援事業を実施しているが，地域の創業（希望）者がそれを認知しておらず，
ほとんど利用していないということである。また，「創業支援事業計画」認定制
度の創設以降，地域の創業支援における官民連携が進展し，さまざまな専門家に
よる相談・助言・仲介等の組織的な対応が進んでいるにも拘わらず，民間事業者
による支援も十分に認識されていない。創業者は平均的にみて，自治体と民間の
支援事業者が適切に連携しているとは考えていない。市区と都道府県の創業支援
に関する連携や情報交流が少ないことも，懸念のひとつである。さらに，先輩起
業家からの助言は重要であるが，先輩起業家との関係構築に，行政も民間の支援
事業者も十分に貢献していない。したがって，本研究から導かれる政策的含意と
して，地域の官民による創業支援を創業者により分かりやすく周知すること，ま
たそのために地域の先輩起業家の役割を重視することが挙げられる。

　本研究の重要な制約のひとつは回答バイアスである。自治体調査では十分に高
い回答率が得られたが，企業調査の回答率は低く，回答バイアスの可能性は否定
できない。しかし，自治体と地域の創業者の双方から民間支援事業者を含む官民
の多様な創業支援について詳細な情報が得られたことは大きな成果と言える。今
後はこのデータを用いて，創業支援の利用と効果に関する計量分析を進めたい。

＊本稿は日本学術振興会科学研究費補助金基盤研究（B）「地域の起業・イノベー
　ションエコシステムの政策支援の研究：ミクロ計量分析による評価」（課題番号
　20H01491　研究代表者：岡室博之，令和２～５年度）の研究成果の一部である。

〈注〉

1 企業調査の対象地域は，自治体コードの昇順に，函館市，秋田市，越谷市，成田市，文京区，北区，江戸川区，金沢市，春日井市，豊川市，宇治市，茨木市，姫路市，和歌山市，岡山市，倉敷市，下関市，佐世保市，大分市の19市区である。

2 これらは対象市区で2020年1月から2021年10月までに新規に設立された法人企業の全数である。調査対象企業の名簿情報は民間企業から購入した。

3 事業の開始年度はそれを実施している市区のみが回答するので，回答数は事業ごとに大きく異なる。なお，どの事業についても開始年度の平均値は中央値より1～2年早い。これは，どの事業についても2021年度が最後（最大値）である一方，一部の市区がかなり早く支援事業を開始しているからである。

4 ①から③は互いに排他的であるが，④は②または③と両立しうるので，複数回答方式になっている。そのため各選択肢の回答率の合計は100%を超える。

〈参考文献〉

1 植田浩史・北村慎也・本多哲夫編著（2012年）『地域産業政策―自治体と実態調査―』創風社。

2 梅村仁（2019年）『自治体産業政策の新展開―産業集積の活用とまちづくり的手法―』ミネルヴァ書房。

3 岡室博之（2021年7月）「支援政策の支援：「創業支援事業計画」認定事業の効果」『日本中小企業学会論集』第40号，pp. 153～166。

4 岡室博之・飯塚俊樹（2018年7月）「地域における創業支援策導入の要因」『日本中小企業学会論集』第37号，pp. 129～142。

5 河藤佳彦（2019年）『市民参加による自治体産業政策―基礎自治体における取組みを中心として―』同友館。

6 田中宏昌・本多哲夫編著（2014年）『地域産業政策の実際 大阪府の事例から学ぶ』同友館。

7 東京市町村自治調査会（2016年3月）『創業による地域活性化と自治体による支援に関する調査研究報告書』（https://www.tama-100.or.jp/contents_detail.php?co=cat&frmId=568&frmCd=2-5-13-0-0）2022年11月23日閲覧。

8 日本政策金融公庫総合研究所編『新規開業白書』（各年版）。

9 本多哲夫（2013年）『大都市自治体と中小企業政策―大阪市にみる政策の実態と構造―』同友館。

（査読受理）

ワークプレイスラーニング研究の
技能実習への適用可能性

—中小製造企業と農業法人を事例に—

神戸大学（院）　中原寛子

I　背景と目的

中小企業における技能実習生の役割は，技術力維持や多品種少量生産への対応に必要な従業員や海外進出の要員にまで広がっている（佐藤忍，2013；弘中史子，2021）。もとより，「外国人の技能実習の適正な実施及び技能実習生の保護に関する法律（技能実習法）」は実習のあり方を「技能等の適正な修得，習熟又は熟達のために整備され，かつ，技能実習生が技能実習に専念できるようにその保護を図る体制が確立された環境で行われなければならない」と第1章第3条に定めており，技能修得等の視点からの評価は実習環境の整備に欠かせない。

技能実習生を単純労働力に限定しない見方での中小企業研究には，技能実習生等の雇用が企業に与える影響の研究（関智宏，2018）や，技能実習生等の雇用が中小企業の海外展開につながるプロセスの研究（弘中，2021）などがある。技能実習生を単純労働者としてではなく，自社の経営戦略に必要な人的資源として効果的に育成することが中小企業の課題である。とくに農業法人では平均的に従業員数が少なく個々の従業員の仕事内容が多岐にわたるため，人材育成は重要課題である。しかしながら，技能実習における育成を評価する研究はまだ少なく，実習環境となる職場を評価するのに適した指標は明らかになっていない。

技能実習における育成を評価する研究には，弘中（2021）が送出国での採用活動と入国前・入国後研修を，呉丹藝（2020）は来日する技能実習生の意識を，中原寛子（2020）は意欲ある実習生の確保と職場での支援体制を扱うほか，日本語学習（中川かず子，2017）や修了後の進路（岩下康子，2018，他）などがあり，

中小企業の技能実習における育成の実態が少しずつ明らかにされてきた。しかしながら，効果的な実習のために「職場」をデザインする視点での研究は非常に限られている。また，これらの研究は事例研究であり，理論的枠組みを用いたものは少ない。そこで，本研究では，ワークプレイスラーニング（Work Place Learning，以下 WPL）研究の中小企業の技能実習への適用可能性を検討することを目的に，Ellingerの指標を用いた事例の評価を試みた。

研究方法としては，技能実習生を受入れる企業等にインタビュー調査を行い，Ellingerが抽出したWPLに影響する組織的要因（Ellinger, Andrea D., 2005）を指標として用いて事例企業の実習環境を評価した。その上で，中小企業や農業法人の現場の実状に照らし，指標の当てはまりや妥当性を検討した。考察では，中小企業と技能実習生の特性を考慮し，中小企業での受入れの特徴を明示するとともに，一部の指標については段階的な利用を提案した。

Ⅱ　研究方法

1　ワークプレイスラーニング研究の適用

WPL 研究とは，職場において人が仕事に従事し経験を深める中で，他者・人工物との相互作用によって生起する学習を扱う学際的な研究領域である（中原淳，2010）。WPL 研究は教育学，社会学，経営学，経済学等の分野で活発に行われている。WPL 研究の扱う範囲は研究によって異なるが，大別すれば，職場での学習（狭義の職場学習）と，地域や職場外の学習サークル等での学習（越境学習）となる（荒木順子，2008; 中原淳，2010）。技能実習生の学習にも，職場内で行われる学習と地域等職場外で行われる学習の両方があるが，本研究では職場内での学習に限定し，とくに中小企業等での実習環境に注目した。

技能実習生は，入国前研修と入国後研修が終わると，在留期間のほとんどを「職場」で「仕事を通じて」学ぶ。また，中小企業の人材育成ではインフォーマル学習が占める割合が高い。このため，本研究では研修等のフォーマルな学習ではなく，職場で起こるインフォーマルな学習に着目した。

従業員のインフォーマル学習プロセスに影響を与える組織文脈上の要因に注目した研究にEllinger（2005）がある。EllingerはMarsickとWatkinsのインフォーマル学習のモデル[注1] を理論枠組みとして用い（Ellinger, 2005, p.394），厳密に

デザインされた質的研究で抽出した要因を加えたモデルを作成した。本研究では実習環境の評価にEllingerの研究成果を援用する。なお，本研究でのインフォーマル学習はEllinger（2005）の定義にならい，「人が学習するときにその人の労働生活の中で起こる自然な機会から生じる学習」と定義する。

　荒木（2008）は，WPL研究を，前提とする学習観によって，学習転移モデル，経験学習・批判的学習モデル，正統的周辺参加モデルの３つに類型化した。このうち，経営学分野で主に用いられるのは前２者であり，Ellingerが基礎に置く「インフォーマル学習」のモデルは経験学習・批判的学習モデルに近い。

　Ellingerは人的支援関係に着目し，質的調査によって事例から抽出したインフォーマル学習に影響する組織文脈的な促進要因（図１）と阻害要因（図２）を整理した。Ellingerの事例対象は大規模な消費者向けメーカーで，インタビュー調査は階層別サンプリングにより上・中・下級レベルの従業員13名を対象とした。対象の約半数が高校・短大卒業である点に技能実習生との類似性はあるものの，企業規模や仕事の種類などに違いがある。このため，指標を盲目的に適用するのではなく，中小企業の技能実習への適用可能性の検討を目的とした。

2　分析方法

　図１と図２に，Ellingerの研究における従業員のインフォーマル学習のプロセスに影響する組織要因と関係を示す。本研究の分析には，具体的なサブカテゴリが示されるTable 1（Ellinger, 2005, p.401）を基礎として作成した指標を用いた。事例企業の実習環境を客観的に評価するために，あらかじめEllingerの記述（同, pp.400-404）からそれぞれの要因を特定するキーとなった事物や行動を抽出した。分析では，調査で得られたデータをもとに，表-1および表-2に示した「キーとなる事物・行動」が該当する場合に事例企業がその要因を持つとし，調査を通じて確認できなかった場合にはその要因を持たないと評価した。

　対象事例は，技能実習生の受入れに５年以上の経験があり，経営者が技能実習生を能力開発の対象と位置づける中小製造業A社と農業生産法人B社の計２社を課題の検討に適した事例として選定した。

3　対象事例の概要

A社は，1972年に大阪府内に設立された中小製造企業で，金属バルブボール等

図1　組織的な促進要因がインフォーマル学習プロセスに及ぼす影響

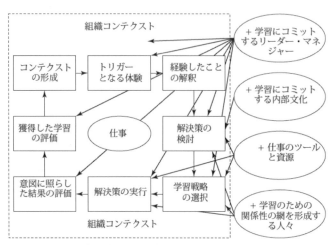

出所：Ellinger（2005）Figure2（p.401）をもとに作成

図2　組織的な促進要因がインフォーマル学習プロセスに及ぼす影響

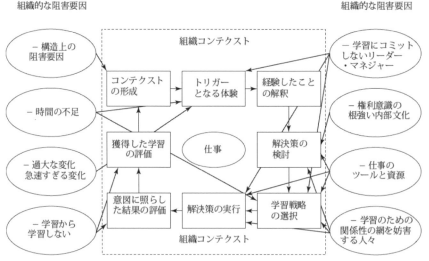

出所：Ellinger（2005）Figure3（p.406）をもとに作成

の精密機械部品を製造する。資本金は4500万円，従業員数は60名で，外国人従業員は技術者7名と技能実習生8名の計15名全員がベトナム国籍である。社内での技能実習生への評価は高く，元技能実習生のベトナム人が在留資格を変更した上で再雇用され係長に登用されている（中原，2020）。B社は，1902年に大阪府内に設立された耕種農業を営む農業生産法人で，ナスやキュウリなどの野菜を生産する。経営面積は約4ha（施設栽培300aを含む），従業員数は30名と地域では有数の規模である。外国人従業員は特定技能1名と技能実習生9名で構成される10名で，全員がベトナム国籍である。B社は同社で技能実習を終えたR氏を再雇用し（調査時の在留資格は特定技能），組織図上のコアメンバー班に位置づけている。調査は，2社に対するインタビュー調査及び実習中の職場での観察調査を行った。A社では社長・ベトナム人係長・技能実習生・日本人社員で2020年8月4日から10月17日までに複数回実施した。B社では代表・特定技能生・技能実習生を対象に，2020年11月27日から2021年2月11日まで複数回実施した。

Ⅲ　結果

1　A社の結果

　表3と表4にA社の評価結果を示す。促進要因では，A社は「1学習にコミットするリーダー・マネジャー」のサブカテゴリの内「④リスクテイキングを推奨する」以外の全てに当てはまった。インフォーマル学習の機会（①）は，Ellingerの研究では，会議の参加は他人の話を聞き，観察する機会を得ることで学びのきっかけとなっている（Ellinger, 2005, 402ページ）。A社では技能実習生に定期的な会議参加の実態はないが，工場担当の日本人係長がジェスチャーで繰り返し教えるほか，ベトナム人係長が1年目の技能実習生を含む全員に対して，個々の担当機械だけでなく工場全体の動きに目を配るよう指導している。単なる作業者より一段上の役割と意識を持たせ，周囲を観察する機会を日常的に与えている。学習のサポート（③）では，社長が勤務時間中の日本語学習を認めており，技能実習生は作業場に日本語の教科書を貼り，仕事の合間に単語等を覚えることができる。能力開発の重要性（⑤）は，係長以上が出席する毎朝のミーティングで経営方針や理念とともに人材育成の重要性を浸透させている。正のフィードバック（⑥）については，日常的に肯定的な言葉がけをするほか，機械操作の習

表1　インフォーマル学習の組織的な促進要因

メインカテゴリ	サブカテゴリ	キーとなる事物・行動
1　学習にコミットするリーダー・マネジャー	①インフォーマル学習の機会を作る	・部下を会議に参加させる ・部下の話を聞き，観察し，学ぶ機会を与える
	②コーチ役やメンター役を務める	・質問に応じる ・わかりやすい言葉で説明する
	③学習をサポートし，学習のための余裕を与える	・部下の決断を支持する ・個人のニーズに適した学習戦略を許す
	④リスクテイキングを奨励する	・新しい挑戦を支援する ・学習における失敗の価値を理解する
	⑤知識共有や他のメンバーの能力開発の重要性を教え込む	・学習したことの共有を促進する
	⑥正のフィードバックと承認を与える	・部下の仕事に対して肯定的な声かけをする
	⑦ロールモデルとなる	・学習にコミットする ・実際にやってみせる
2　学習にコミットする内部の文化	（サブカテゴリなし）	・研修施設等への投資 ・研修等フォーマル学習への投資
3　仕事のツールと資源	（サブカテゴリなし）	・パソコン，ソフトウェア ・インターネット　　・ヘルプメニュー ・参考書籍　　　　　・電話
4　学習のための関係性の網を形成する人々	①開放性とアクセシビリティ	・知識を増やし，問題解決の手助けをする ・すべてのオフィスが開放的で，声をかけやすい ・人間関係，他者へのアクセスが重視される組織

出所：Ellinger（2005）のTable1（p.401）を元に，同pp.400-404を加味して作成。

得状況を把握し本人にフィードバックしている。ロールモデル（⑦）については技能実習修了後に在留資格を変更し，係長兼エンジニアとして活躍するベトナム人がキャリアパスの見本となっている。「２学習にコミットする内部の文化」では研修施設や外部研修等，フォーマルな学習への投資もインフォーマル学習の促進につながるとされる。Ａ社は該当する投資をしていないが，従業員の相互理解促進のための投資として全社員対象のベトナム研修旅行を会社負担で実施した。これは「４学習のための関係性の網を形成する人々」に該当する。以上，サブカテゴリ及びサブカテゴリを持たないメインカテゴリの計10項目のうち8項目が該当し，Ａ社は促進要因を多く持つ組織であると評価できる。

　阻害要因については，現在のＡ社が当てはまるものは少ない（表4）。ただし，経営者によれば，本研究の調査以前には「ベトナム人ばかりを大事にすると日本人社員がひがんでしまった」時期があった。これは，「２権利意識の根強い内部

表2　インフォーマル学習の組織的な阻害要因

メインカテゴリ	サブカテゴリ	キーとなる事物・行動
1　学習にコミットしないリーダー・マネジャー	①学習に熱心でない	・部下の学習を尊重しない
	②権威を振りかざし，細かい指図をする	・従業員が自ら考え学ぶことを奨励しない
2　権利意識の根強い内部文化	（サブカテゴリなし）	・長年のやり方に固執し，新しいやり方を受入れない従業員 ・学習せず，新技術に追いつこうとしない従業員
3　仕事のツールとリソース	①インフォーマル学習を妨げる組織的な妨害	・管理職の権力濫用 ・コーチ，メンター，ロールモデルを務めない
	②ツールの使用による個人間のコミュニケーションの減少	・個人間のコミュニケーションを減少させるようなツール（PC等）の使用
	③予算制約	・資金不足
4　学習のための関係性の網を妨害する人々	①古株の従業員の抵抗	・「できない」「うまくいかない」と変更を阻害する古参従業員
	②人員削減への恐れを理由とする縄張り意識と，知識の囲い込み	・自身の雇用を守るため仕事を教えない従業員 ・仕事を失うことへの恐怖感を和らげられていない
5　構造上の阻害要因	①物理的な構造上の障壁	・壁により職場が物理的に遮断されている
	②精神的・機能的な壁	・他部門のことを知らない，情報共有をしない
6　時間の不足	（サブカテゴリなし）	・仕事量やプレッシャーが過多で，相談する時間がない
7　過大な変化，急すぎる変化	（サブカテゴリなし）	・変化が速すぎ，学習できない
8　学習から学習しない	（サブカテゴリなし）	・学習や教訓を共有する仕組みがない。 ・学習の共有ができておらず，重複して学習している

出所：Ellinger（2005）のTable 2（p.404）を元に，同pp.400-404を加味して作成。

文化」と「4学習のための関係の網を妨害する人々」にあてはまるが，ベトナム研修旅行等を経て，日本人社員の態度が協調的になり「日々の仕事をこなすだけだった日本人社員も活気づき，仕事の改善提案や創意工夫をするようになった」ことから，これら2つの阻害要因は解消している。現在では，細かい指図（1-②）と予算制約（3-③）のみが当てはまる。しかしながら，前者は，日本人係長は「言葉が十分に通じない分，やってみせて，やらせて，違ったら指摘して，またやらせて，と繰り返す」「何度でも言う，しつこく言う。ほったらかされていないと感じると嫌な気はしないでしょう，伝わるでしょう」と語り，技能実習生を育成する意図が見られる。以上，13項目のうち2項目のみが該当し，指標からはA社は阻害要因の少ない組織であると評価できる。

2　B社の結果

　表3と表4にB社の評価結果を示す。B社では，同社で技能実習を修了したR氏を特定技能として再雇用し，5名の日本人社員とともに組織図上のコアメンバーに位置づけている。コアメンバーの主業務は企画や管理だが，こうした仕事に不慣れなR氏は代表の指導のもとで学びながら取り組んでいる。促進要因として，代表はR氏をミーティングに参加させ，企画や経営を学ぶ機会とするほか，他の技能実習生にも，食事会等の場で，現場で気になるポイントや天候変化への対応を問いかけ，意見を発信する訓練を行っている（1-①）。コーチ役として全員に日誌作成を指示し，日誌の仕事への利用，見直しと改善指導を行う（1-②）。また技能実習生や新人社員への指導内容を細かく記録し，情報共有を推進している（1-⑤）。B社ではR氏のように意欲的な人材には高い評価を与え，組織図上で上位の仕事に登用する（1-⑥）。ほかにも，経営者自身がGAP認証や農福連携など新しい取組に挑戦し，学ぶ姿を見せている点で学習のロールモデルともなっている（1-⑦）。B社も研修施設や外部研修への投資は行っていない（2）。学習に役立つ仕事のツールや資源には，ベトナム語で作られた多数のサインや簡易マニュアルがある。B社にはEllingerの事例のような個別のパソコンや図書，A社のような数十種の機械はないが，B社では多品種の農作物を育て，土づくりや播種から収穫までのサイクルの経験は学習の資源となりうる（3）。B社では技能実習生と社長や日本人社員との距離が近く，気軽に仕事上の質問をする姿が観察でき，開放性とアクセシビリティの双方を満たしている（4-①）。

　阻害要因については，経営者が「普段から，言われないとできない立ち位置で働いている人と，『苗の水は大丈夫だろうか』『強い風が吹いている，ビニールハウスの紐が飛んでないだろうか』と目が行き届くような意識を持っている人との差が大きい」と語り，後者のように状況から必要な作業を予測できる人材が理想だが，B社の技能実習生には前者が多く，都度細かい指示を要するという（1-②）。また，仕事で覚えた内容を技能実習生らが同僚と十分に共有できていないこともB社の課題である（8）。以上，13項目のうち3項目が該当しているものの，B社も阻害要因が少ない組織であると評価できる。

表3　調査対象2社の結果（WPLの組織的な促進要因）

メインカテゴリ	サブカテゴリ	A社	結果	B社	結果
1　学習にコミットするリーダー・マネジャー	①インフォーマル学習の機会を作る	・実習生を「ほっとかない」様子を見て，繰り返し注意する ・担当業務だけでなく周囲を見るよう指導	○	・自社での技能実習修了者を会社のコアメンバーに指定し，会議に参加させる ・意見発信の練習の場を作る	○
	②コーチ役やメンター役を務める	・ジェスチャーで何度も教える	○	・日誌作成及び日誌利用方法の指導 ・自身の仕事内容とやり方の振り返りを指導	○
	③学習をサポートし，学習のための余裕を与える	・勤務時間中の日本語学習の許可	○	該当なし	×
	④リスクテイキングを奨励する	該当なし	×	該当なし	×
	⑤知識共有や他のメンバーの能力開発の重要性を教え込む	・係長以上のミーティングで能力開発の重要性を共有	○	・指導者側の指導記録共有促進	○
	⑥正のフィードバックと承認を与える	・経営者，中間管理職，同僚からの肯定的評価	○	・意欲的な従業員への肯定的評価と登用	○
	⑦ロールモデルとなる	・技能実習生からスタートし，エンジニアも務めるベトナム人係長	○	・GAP認証等新しい取組へのチャレンジを続ける社長 ・マネジメントを学ぶ技能実習修了生	○
2　学習にコミットする内部の文化	（サブカテゴリなし）	該当なし	×	該当なし	×
3　仕事のツールと資源	（サブカテゴリなし）	・数十種を超える生産機械	○	・ベトナム語での多数のマニュアル，サイン ・各種作物の生長サイクル	○
4　学習のための関係性の網を形成する人々	①開放性とアクセシビリティ	・壁のない見通しの良い工場 ・全社員でのベトナム研修旅行による相互理解	○	・壁のない見通しの良い作業場，ハウス ・経営者に直接質問可能	○

注：○　事例があてはまる項目　　　　×　事例があてはまらない項目
出所：調査をもとに作成

表4　調査対象２社の結果（WPLの組織的な阻害要因）

メインカテゴリ	サブカテゴリ	A社	結果	B社	結果
1　学習にコミットしないリーダー・マネジャー	①学習に熱心でない	該当なし	×	該当なし	×
	②権威を振りかざし，細かい指図をする	・何度でも「しつこく」支持する ・様子を見て繰り返し注意する	○	・日誌記帳と利用を繰り返し指示する ・都度指示を行う必要を経営者が感じている	○
2　権利意識の根強い内部文化	（サブカテゴリなし）	・ベトナム人ばかりを大事にすると日本人社員がひがんでしまった	※	該当なし	×
3　仕事のツールとリソース	①インフォーマル学習を妨げる組織的な妨害	該当なし	×	該当なし	×
	②ツールの使用による個人間のコミュニケーションの減少	該当なし	×	該当なし	×
	③予算制約	・企業規模による資金的な制約あり	○	・企業規模による資金的な制約あり	○
4　学習のための関係性の網を妨害する人々	①古株の従業員の抵抗	該当なし （外国人雇用以後改善）	×	該当なし	×
	②人員削減への恐れを理由とする縄張り意識と，知識の囲い込み	・ベトナム人ばかり大事にすると日本人社員が「ひがんで」しまった（再掲）	※	該当なし	×
5　構造上の阻害要因	①物理的な構造上の障壁	該当なし	×	該当なし	×
	②精神的・機能的な壁	該当なし	×	該当なし	×
6　時間の不足	（サブカテゴリなし）	該当なし	×	該当なし	×
7　過大な変化，急すぎる変化	（サブカテゴリなし）	該当なし	×	該当なし	×
8　学習から学習しない	（サブカテゴリなし）	該当なし	×	・学んだ内容を同僚と共有できない従業員が多い	○

注：○　事例があてはまる項目　　　×　事例があてはまらない項目
※　調査前には該当する状況にあったが，調査時においては解決済みの項目

出所：調査をもとに作成

Ⅳ　考察

　本研究では，WPL研究の中小企業の技能実習への適用可能性の検討を目的として，Ellingerの指標を用いて試験的に評価した。分析の結果，両社とも促進要

因を多く持ち，阻害要因の少ない組織と評価された。指標は中小企業の技能実習に概ね適用可能であると考えられる。

　実務上の利用についても，「構造上の阻害要因」に含まれる職場のレイアウトは，実習環境の改善においてきわめて実際的と考えられる。本研究では，A社の作業場はフロア全体を見渡せ，B社も圃場，ビニールハウス，作業場の全てに仕切り壁がなく，技能実習生が周囲の観察やコミュニケーションを通じて学ぶのに適した環境であった。しかし，企業によっては仕切り壁による隔絶等の職場環境もあり，これらが学習の阻害要因となりうることを示す点で実際的な指標である。

　一方で，Ellingerの理論ではリスクテイキングを促進要因，細かい指図を阻害要因としているが，今回事例を分析したところ，技能実習生の活用に積極的な先進事例でさえも，実態としてはリスクテイキングを推奨せず，細かい指図が行われていたことを発見した。この点は，Ellingerの提唱する理論と異なる。中小企業の技能実習で「リスクテイキングの推奨」がなされない理由は，第一に，中小企業が自由なトライアンドエラーを許容する経済的余裕を持たないことが，第二に，技能実習生の日本語能力や文化慣習の違いへの安全管理上の必要性が，「細かい指図」については，未熟練の状態での来日が推測される。

　中小企業と技能実習生の特性を考慮すれば，むしろ，短期的には「リスクテイキング」を避け「細かい指図」を行うのが中小企業の技能実習の特徴であるといえる。ただし，長期的には，習熟度を見極めながら段階的に細かい指図を減少させリスクテイキングを推奨することが望ましい。以上のような調整を要するが，総合的には，Ellingerの指標を援用可能であると考えられる。

V　おわりに

　本研究では，中小企業の技能実習の評価にWPL研究の成果を指標として用いるという新たな視点を持ち込み，Ellingerの指標が中小企業の技能実習にも適用できる可能性があることを明らかにした。これが本研究の理論的含意である。分析では，技能実習生の活用に積極的な先進事例でさえも，インフォーマル学習の促進要因とされるリスクテイキングの推奨は行われず，阻害要因とされる細かい指図が行われていたことが明らかになった。本研究の実践的・政策的含意としては，実習環境の評価のための基礎的な枠組みとなる指標をWPL研究の成果を援

用して提示し，適用可能性を事例により実証したことがある。

　技能実習生が生産現場に欠かせない労働力となる一方で，十分な教育訓練が行われないなど制度目的との乖離が国内外で問題視されている。育成の視点からの受入環境改善は社会の重要課題であり，本研究は制度的，人道的な面から社会的な意義を持つ。加えて，中小企業では個々の従業員が比較的大きな役割を担うため，技能実習生を単純労働者に留めておくことは経営上の負担ともなりうる。教育訓練コストの回収上の問題であった就労年限は入管法改正により延長されつつある。技能実習生の育成の必要性が高まる中，本研究の帰結が，中小企業の外国人労働者受入れを考える際の示唆を与えることを期待する。

　さいごに，本研究の限界として，Ellingerの研究では育成される従業員本人を主な調査対象としたのに対し，本研究では事例企業のWPLの実態を把握するため，技能実習生への調査は補足に留め，経営者への聞き取りを主としており，同じ条件での検証はできていないことがある。また，技能実習生は全員がベトナム人で，国籍による違いは検討できていない。今後，技能実習生が実習環境をどのように捉えているかを調べ，他の国籍にも対象を広げることが，指標の適用可能性を高めるうえでの課題である。

〈注〉

1　Marsickらのモデルには幾度か修正が加えられたため，EllingerはCseh, Watkins and Marsick（1999）がコンテクストの重要性を考慮して再定義したモデルを基礎とした（Ellinger, 2005, p.396）。

〈参考文献〉

1　荒木 淳子（2008年）「職場を越境する社会人学習のための理論的基盤の検討―ワークプレイスラーニング研究の類型化と再考―：ワークプレイスラーニング研究の類型化と再考」『経営行動科学』第21巻第2号 pp.119〜128

2　Ellinger, Andrea D.（2005）. Contextual factors influencing informal learning in a workplace setting: The case of "reinventing itself company". *Human resource development quarterly*, 16(3), 389-415.

3　Ellinger, Andrea D, & Cseh, Maria.（2007）. Contextual factors influencing the facilitation of others' learning through everyday work experiences. *Journal of Workplace learning*.

4　呉 丹藝（2020年）「外国人技能実習生導入に伴う農家の変容と実習生の来日要因と意識」『法政地理』第52巻 pp.23〜43

5　弘中 史子（2021年）「『内なる国際化』と海外生産」『日本中小企業学会論集』第40巻pp.97〜110

6　岩下 康子（2018年）「外国人技能実習制度が実習生に与えた影響:帰国したインドネシア技能実習生たちの聞き取りから」『多文化関係学』第15巻 pp.69〜77

7　上林 千恵子（2015年）『外国人労働者受け入れと日本社会：技能実習制度の展開とジレンマ』東京大学出版会

8　守屋 貴司（2017年）「日本の中小企業の外国人材の採用・活用の現状と課題：中小企業勤務の外国人材へのヒアリング調査と関西の中小企業の事例調査を中心として」『立命館経営学』第56巻第4号pp.1〜20.

9　中川 かず子，神谷 順子（2017年）「道内外国人技能実習生の日本語学習環境をめぐる課題：受け入れ推進地域を事例として」『開発論集』第99巻 pp.15〜32

10　中原 淳（2010年）『職場学習論：仕事の学びを科学する』東京大学出版会

11　中原 淳，荒木 淳子（2006年）「ワークプレイスラーニング研究序説：企業人材育成を対象とした教育工学研究のための理論レビュー」『教育システム情報学会誌』第23巻第2号 pp.88〜103

12　中原 寛子（2020年）「中小製造業における外国人技能実習制度活用の現状と課題：精密加工中小企業の事例をもとに」『商工金融』第70巻第11号pp.36〜51.

13　Noe, R. A., Tews, M. J., & Dachner, A. M. (2010). Learner Engagement: A New Perspective for Enhancing Our Understanding of Learner Motivation and Workplace Learning. *Academy of Management Annals*, 4, 279-315.

14　Raelin, Joseph A. (1997). A model of work-based learning. Organization science, 8 (6), 563-578.

15　佐藤 忍（2013年）「日本における縫製業と外国人労働者」『大原社会問題研究所雑誌』第652巻pp.46〜62.

16　関 智宏（2018年）「現代中小企業の国際化と成長発展プロセス—『ヒト』の国際化による企業組織の質的変化—」『日本中小企業学会論集』第37巻 pp.31〜44.

17　Watkins, Karen E. & Marsick, Victoria J. (1993) *Sculpting the Learning Organization: Lessons in the Art and Science of Systemic Change*, Jossey-Bass. (『「学習する組織」をつくる』神田良，岩崎尚人訳，日本能率協会マネジメントセンター)

（査読受理）

外国人雇用中小企業における
ダイバーシティ・マネジメント
―経営者行動と組織変革・企業活動との関係性に着目した定量的分析―

大阪商業大学（院）　三宮直樹

1　はじめに

　産業のグローバル化や情報技術の発展により，企業を取り巻く環境変化のスピードが増している。世界規模での経済活動の相互依存が進み，市場の多様化と同時に労働力の多様化が急速に進展している。

　厚生労働省「外国人雇用状況の届出状況まとめ」（2022年10月末現在）[注1] によれば，外国人[注2] を雇用している事業所数は298,790か所，外国人の労働者数は1,822,725人であり，2007年に届出が義務化されて以降，ともに過去最高の数値を更新している。事業所規模別では「30人未満」規模の事業所が最も多く，事業所数全体の61.4％を占めている。このように，外国人雇用の進展に伴い，中小企業の人材の多様性（ダイバーシティ）が急激に増加している。

　そうした中，外国人雇用の進展に伴うダイバーシティの増加を変革の契機と捉え，企業業績の向上に結びつけるにはどうすべきかを解明することは，人口減少下における中小企業の持続可能性を高める上で喫緊の課題となっている。

　組織におけるダイバーシティに関する研究は，国内外を問わず大企業を対象としたものが多い。特に日本においては属性の対象を女性とする研究が先行しており，外国人の雇用が増加している中小企業を対象とした汎用性の高いダイバーシティ研究の進展が求められている。企業業績との関連を考える上では，ダイバーシティをどのように企業の成長やイノベーションの創出に結びつけるのかという視点が不可欠である。また，外国人を雇用した際に生じる言葉や文化の違いによる従業員の負担感など，様々なマイナス面を乗り越えて組織風土を変革し外国人

の戦力化を実現するには，組織に対する経営者の行動が重要な役割を果たすことが明らかになっている（三宮直樹，2022．pp.51〜72）。

　そこで本稿においては，外国人を雇用した中小企業における経営者行動とイノベーションに結びつく組織変革や企業活動[注3]との関係性に着目し，持続的な競争優位性の確立につながるダイバーシティ・マネジメントについて，明らかにすることを目的とする。

2　先行研究のレビューと問題意識

2-1　中小企業におけるイノベーション

　中小企業白書（2009）によると，中小企業にとってのイノベーションは，「研究開発活動だけでなく，アイディアのひらめきをきっかけとした新たな製品・サービスの開発，創意工夫など，自らの事業の進歩を実現することを広く包含するものである。」と定義され，その特徴の一つとして，経営者がリーダーシップを発揮し取り組んでいることが挙げられている（中小企業庁，2009，pp.43〜47）。

　中原（2021）は，職場のイノベーション風土[注4]が，組織上位者の支援に媒介されることで業務能力が向上することを定量的に実証し，企業のパフォーマンス向上のためには，経営者が創造性や革新性を奨励する組織構造を作り上げることが重要であると述べている（中原淳，2021，p.189）。中小企業経営の特徴のひとつは「経営者中心の集権的な管理方式」であり，組織における経営者の影響力が大きい（山口隆之，2012，pp.71〜91）。また，文能（2012）は，中小企業においては，経営者が自社の置かれた状況を正しく判断し，イノベーティブな活動ができたならば，優れた製品・サービス・技術等が生み出され，イノベーションが生起する確率は高まることを指摘している（文能照之，2012，pp.29〜38）。

　したがって，経営者と従業員との近接性が見られる中小企業においては，経営者の組織内における存在感が大きく，経営者行動が，組織や企業業績に対し大きな影響を及ぼす可能性が高いと考えられる。

2-2　ダイバーシティ・マネジメント

　ダイバーシティの伝統的な定義は，米国雇用機会均等委員会が示す「ジェン

ダー，人種，民族，年齢における違いのこと」である（谷口真美，2008，pp.69
〜84）。本稿においてはこの定義に則り，人口統計学的な個人的属性，すなわち
性別や国籍などの違いのみに焦点を当てる。谷口（2013）は「ダイバーシティ・
マネジメントとは人材のダイバーシティを用いてパフォーマンスを向上させるマ
ネジメント手法である。」と定義し，企業はそのために戦略的な組織変革を行う
必要があると述べている（谷口真美，2013，p.257）。競争優位性は，ダイバーシ
ティ・マネジメントに対する企業行動の6つのステージの最上位に位置付けられ
ており（Singh, V.et al., 2004, pp.295〜318），ダイバーシティをどのようにして競
争優位性に結びつけるかという視点に立脚した研究が進展している。こうした見
解を踏まえ，本稿では，ダイバーシティ・マネジメントを「単に人権尊重の観点
に留まらず，企業の競争優位性を構築する源泉の一つとしてダイバーシティを捉
え，その実現に向けた組織変革を牽引する取組」と定義し，議論を進めていく。

　次に，企業の組織又は業績に影響を及ぼす要因とダイバーシティとの関連に関
する先行研究をレビューする。組織に影響を与えるいくつかの促進要因の中でも
経営者のリーダーシップが重要な役割を果たす可能性が高い（Guillaume, Y.R.F.
et al., 2017, pp.276〜303）。特に，企業の規模が小さい場合，経営者の変革型リー
ダーシップ[注5]が企業業績に大きな正の影響を与える（Ling,Y. et al., 2008,
pp.557〜576）。また，谷口（2014）は，変革型リーダーシップは企業における多
様性浸透のための施策の推進に効果的であり，従業員の意思決定参画風土の醸成
を促進することを指摘している（谷口真美，2014，pp.1〜36）。このようなダイ
バーシティと経営者のリーダーシップの関係性を解明するためには，直接的な関
係性のみではなく，プロセス要因や条件要因も含めて検証することが必要である
（谷川智彦，2020，pp.59〜73）。こうした議論を踏まえると，ダイバーシティの
増加した中小企業における組織風土[注6]や企業業績への影響に関する分析にあ
たっては，経営者のリーダーシップ，特に変革型リーダーシップに着目するとと
もに，そのプロセスにも重点を置いた検証を行うことが重要であると考えられる。

　一般に，性別や人種・民族といった目に見える人口統計学上の特性は，外観で
は識別しにくい特性よりも大きなマイナス効果をもつとされている（谷口真美，
2013, p.95）。これに対し，外国人雇用のプラス面を指摘した研究では，関（2017）
は，外国人の雇用が中小企業に質的成長および組織変革をもたらす可能性を指摘
し（関智宏，2017，pp.28〜42），竹内（2019）は，外国人雇用は働き方改革のきっ

かけになり得ると述べている（竹内英二，2019，pp.31〜44）。

　これまでの議論を踏まえると，ダイバーシティの増加した中小企業において，経営者行動が組織風土及び企業活動に大きく影響していると考えられる。その一方で，先行研究の限界も存在する。①統計的検証に基づく実証研究が行われていない，②イノベーションに欠かせない企業活動の視点を導入した研究がなされていない，③企業の成長プロセスの解明が十分でない，といった点があげられ，研究の進展のためには企業の成長に着目した定量的な実証分析の蓄積が重要であると考えられる。以上のような問題意識から，本稿では，ダイバーシティの増加した中小企業が組織の力を結集し，企業の成長に結びつけるためには，どのような経営者行動が求められるのかを検討する。そのために，外国人を雇用した中小企業を対象として，経営者によるリーダーシップ・組織風土の変革・企業活動といったそれぞれの取組と企業業績との関連について定量的分析を行う。

　なお，本稿においては，経営者行動に着目した分析を行うため，経営者と従業員の間に介在する組織構造や中間管理職の存在は分析要素に加えない。

3　分析の方法

3-1 使用データ

　本節の分析には，兵庫県尼崎市が実施した「令和3年度尼崎市内事業所の外国人材の活用等に関する意識調査」の個票を二次分析したデータを用いる[注7]。当該調査は，外国人雇用企業の経営者に対し，外国人雇用後の経営者行動や企業活動内容，社内の変化などについて質問しており，ダイバーシティ・マネジメントの特徴を抽出するのに適していると判断した。調査対象は，令和元年経済センサス－基礎調査において，原則として従業員数50人未満の尼崎市の全ての事業所から，産業分類別・従業者規模別に抽出した合計2,200の企業であり，代表者または実質的経営者を回答者としている。調査票は問1〜問12の計64問から構成されており，郵送で配布され，回収は郵送又はオンラインで行われた。有効回収数553件，回収率は25.1％である。

3-2　分析対象企業の概要

①　基本的属性

　回答の得られた企業553社のうち,「外国人雇用の有無」に対して(無回答49社),「現在,雇用している」と回答した企業は92社(18.3%),「現在雇用していないが,新たに雇用することを検討中」と回答した企業及び「現在雇用しておらず,今後も雇用を考えていない」と回答した企業の合計は412社(81.7%)でありそれぞれ「外国人雇用群」,「外国人非雇用群」として分析に使用した。外国人雇用の有無と,業種・従業員数・売上高の増加率を表1に示す。

　企業業績に関する指標としては,およそ3年前と比較した「売上高の増加率」を採用した。大企業とは異なり,非上場の中小企業から業績に関する正確なデータを得ることは難しい。当該アンケートでは,「売上高の増加率」を「1.増加(50%以上)」「2.増加(20～49%)」「3.増加(20%未満)」「4.変わらない」「5.減少(20%

表1　分析データの基本的属性

	項目	外国人雇用群		外国人非雇用群		計	
		n	%	n	%	n	%
業種	製造業	41	45.1%	149	36.2%	190	37.8%
	建設業	36	39.6%	126	30.6%	162	32.2%
	卸売小売業	4	4.4%	30	7.3%	34	6.8%
	運輸業	4	4.4%	29	7.0%	33	6.6%
	サービス業	6	6.6%	56	13.6%	62	12.3%
	福祉	0	0.0%	22	5.3%	22	4.4%
	計	91	100.0%	412	100.0%	503	100.0%
従業員数	0-9人	23	25.3%	245	59.5%	268	53.3%
	10-29人	44	48.4%	120	29.1%	164	32.6%
	30-49人	14	15.4%	31	7.5%	45	8.9%
	50人以上	10	11.0%	16	3.9%	26	5.2%
	計	91	100.0%	412	100.0%	503	100.0%
売上高の増加率	増加(50%以上)	5	5.6%	4	1.0%	9	1.8%
	増加(20～49%)	9	10.1%	34	8.5%	43	8.8%
	増加(20%未満)	23	25.8%	52	13.0%	75	15.3%
	変わらない	13	14.6%	106	26.4%	119	24.3%
	減少(20%未満)	25	28.1%	106	26.4%	131	26.7%
	減少(20～49%)	13	14.6%	78	19.5%	91	18.6%
	減少(50%以上)	1	1.1%	21	5.2%	22	4.5%
	計	89	100.0%	401	100.0%	490	100.0%

※無回答項目があるため,合計は必ずしも一致しない。
出所:筆者作成

未満）」「6. 減少（20〜49％）」「7. 減少（50％以上）」で測定しており，経営者が現在の自社の業績をどのように認識しているかを一定程度示す指標として採用できると判断した。

② ダイバーシティ・マネジメントに関する変数

　ダイバーシティ・マネジメントに関する変数としては，本稿の分析趣旨に照らし合わせ，「企業活動」「経営者リーダーシップ」「外国人受容性」「組織風土の変化」の4つのカテゴリー計26問を用いた。各項目は，リッカートの5件評価法により，「1. 全くあてはまらない」から「5. 非常にあてはまる」，または「1. 非常に不満である（期待外れ）」から「5. とても満足である（期待以上）」で測定されている。「企業活動」に関する設問は，成長戦略を展開する上で，新規事業など戦略のリニューアルにつながる企業活動と，品質改善やコスト削減など収益性を高める企業活動のそれぞれに関し，どの程度重視して取り組んでいるかについての測定尺度となるよう，塩谷（2020）を参考として作成された7項目から構成されている（塩谷剛, 2020, pp.46〜59）。「経営者リーダーシップ」に関する設問は，労働政策研究・研修機構（2003）により経営者の変革型リーダーシップの測定尺度として開発された質問項目のうち，下位概念である「個別配慮」及び「知的刺激」に関する7項目から構成されている（労働政策研究・研修機構, 2003, pp.287〜438）。心理的風土は従業員の仕事への取組や努力を介して売上目標の達成に影響を与えることから（Brown,S.P. et al., 1996, pp.358〜368），外国人雇用後の組織風土の変化にも着目する必要がある。外国人雇用後，社内にどのような変化があったかを問う「組織風土の変化」に関する9項目と，外国人とのコミュニケーションに関する「外国人受容性」の3項目は，尼崎市において令和元年度に外国人雇用企業に対して実施された調査結果[注7]をもとに構成されている。

　これらの計26項目の変数は，いずれもCronbachの α 係数が0.88以上を示しており，質問項目の信頼性は保たれていると考えられた。

3-3　分析方法

　まず，因子分析により変数の背後にある要因の探索を行った。次に，得られた因子間及び売上高の増加率との関係性を調べるためにピアソンの積率相関係数を求めた。さらに，疑似相関の影響を取り除いた状態における関係性を検討するために偏相関係数を用いて評価を行い，グラフィカルモデリングによりその関係性

を可視化した。統計処理には「エクセル統計ver.3.23」（株式会社社会情報サービス製）を用い，欠損値がある場合はそのデータを除き，探索的分析である本稿の趣旨に照らし合わせ，統計学的有意水準を10％として分析を行った。

4　分析結果

　因子分析（主因子法及びプロマックス回転）は，「企業活動」「経営者リーダーシップ」「外国人受容性」「組織風土の変化」の４つのカテゴリーに対し個別に行った（表２）。「企業活動」に関する項目は２因子構造であると解釈され，それぞれ「既存強化」「新規創発」と命名し，各項目の単純平均を尺度とした。「経営者リーダーシップ」に関する項目と，「外国人受容性」に関する項目は，どちらも１因子構造であると解釈され，それぞれ「変革型リーダーシップ」「心理的安全性」と命名し，全項目の単純平均を尺度とした。外国人雇用後の「組織風土の変化」に関する項目は，３因子構造であると解釈され，それぞれ「イノベーション風土」「エンゲイジメント」「協働」と命名し，因子負荷量0.4未満の項目１つ（誰もが働きやすいよう，作業工程やマニュアルの見直しが進んだ）を除外した上で，各項目の単純平均を尺度とした。なお，本稿において用いる質問調査票ではすべての項目を同一人物（経営者）が回答しており，コモン・メソッド・バイアスの問題が生じている可能性があるためハーマンの単一因子検定を実施し，全変数に対して探索的因子分析（主因子法・回転無）を行った。その結果，固有値が１以上の因子が７つ抽出され，第１因子の寄与率は28.24％であり，基準値である50％を下回っていることから，本稿のデータにおけるコモン・メソッド・バイアスによる影響の可能性は低いと考えられた。

　次に，因子間の関係性の強さと企業業績との関係について検討するために，外国人雇用群と外国人非雇用群のそれぞれについて，「売上高の増加率」及び各因子を変数として，ピアソンの積率相関係数を求めた（表３　a,b）。「売上高の増加率」は，アンケート個票の回答を反転させた上で分析に使用した。その結果，外国人非雇用群においては「売上高の増加率」と，「新規創発」「既存強化」「変革型リーダーシップ」との間にそれぞれ有意な正の相関関係が認められた。一方，外国人雇用群においてはそのような相関関係は認められないものの，多数の変数間に正の相関関係が認められ，多量の疑似相関が含まれていることが想定され

表2　因子分析結果（外国人雇用群）

企業活動に関する項目	既存強化	新規創発
従業員の更なる能力の向上に積極的に取り組んでいる	0.796	-0.032
既存の取引先との連携強化や取引量の拡大に重点的に取り組んでいる	0.600	0.018
社内業務プロセスにおけるコスト削減に重点的に取り組んでいる	0.531	0.098
既存の製品・サービス等の生産性や品質の向上を重視している	0.509	0.068
従来取扱いのなかった製品・技術・サービス等の開発や商品化に重点的に取り組んでいる	-0.100	0.924
新たな取引先の獲得に重点的に取り組んでいる	0.103	0.562
新規事業に必要な人材の確保（採用）に積極的に取り組んでいる	0.284	0.504
固有値	2.479	0.757
寄与率	0.354	0.462

経営者リーダーシップに関する項目	変革型リーダーシップ
問題に直面しても、感情的にならず合理的な解決方法を見つけることを従業員に奨励している	0.786
従業員一人ひとりの個性に配慮しながら、助言・指導するようにしている	0.728
経営者自らが先頭に立って、新しいアイデアや視点を提案するようにしている	0.639
日頃から一人ひとりのニーズ・能力・希望を知るよう努力している	0.635
従業員に対して、旧来の方法に変わる新しいアイデアを出すことや色々なアイデアを提案することを奨励している	0.630
従業員にできる限り権限を委譲したり、重要な決定に参加させたりするようにしている	0.616
異なる価値観や多様な考え方を、尊重しあえる環境となっている	0.615
固有値	3.116
寄与率	0.445

外国人受容性に関する項目	心理的安全性
日本人と外国人の従業員同士で、仕事上だけでなく、仕事以外でも積極的にコミュニケーションをとっている	0.816
日本人従業員には、職場の仲間として外国人従業員を受け入れている、あるいは受け入れようとする意識が育っている	0.690
経営者自ら、外国人従業員と、積極的にコミュニケーションをとっている	0.624
固有値	1.531
寄与率	0.510

外国人従業員雇用後の組織風土の変化に関する項目	イノベーション風土	エンゲイジメント	協働
新しい事業に取り組む機運が高まった	0.923	-0.074	-0.033
新たな販路の開拓や事業運営面に良い影響が生じている	0.913	0.072	-0.116
新しいアイデアが生まれやすくなった	0.717	0.053	0.156
社内に活気が生まれた	-0.102	1.064	-0.074
外国人従業員の活躍により、経営上の成果が出始めた	0.204	0.521	0.059
従業員のモチベーションが高まった	0.208	0.429	0.307
相手の考えや価値観を尊重しようとする雰囲気が生まれた	-0.043	-0.089	0.942
助け合いの職場風土が生まれた	-0.010	0.113	0.772
誰もが働きやすいよう、作業工程やマニュアル等の見直しが進んだ	0.270	0.210	0.242
固有値	3.956	1.205	0.887
寄与率	0.439	0.134	0.099

（注）抽出方法：主因子法　　因子の回転：プロマックス回転　　因子負荷量 0.4 以上の数値にアミ掛けをしている。
出所：筆者作成

た。そこで，偏相関分析を行い，偏相関係数の構造をグラフィカルモデリングにより無向グラフに描出し，変数間の条件付き独立性の分析を行った（図1）。

　その結果，「変革型リーダーシップ」は，組織風土を示す「協働」と企業活動を示す「既存強化」のみと直接的に関係しており，他の変数に対しては直接的な関係は示さなかった。また，仕事に対する活力や熱意を示す「エンゲイジメント」は，「協働」「心理的安全性」「イノベーション風土」の3つの変数と直接的な関係を示した。「イノベーション風土」と直接的な関係を示していた「新規創発」は，「既存強化」との間にも直接的な関係を示した。「イノベーション風土」との関係性においては，「新規創発」よりも「エンゲイジメント」のほうが大きな偏相関係数を示した。さらに，「売上高の増加率」と統計学的に有意となる偏相関を示す変数は見出されなかったものの，分析に用いた変数の中で，「イノベーション風土」が最も高い値を示した（r=0.1453, p=0.2014）。

表3a　相関係数（外国人雇用群）　(n=85)　（売上高の増加率は回答データを反転して使用）

		平均値	標準偏差	1	2	3	4	5	6	7
1	売上高の増加率	4.022	1.461	-						
2	新規創発	3.157	0.932	0.075	-					
3	既存強化	3.940	0.572	0.125	0.446 **	-				
4	変革型リーダーシップ	3.905	0.512	0.134	0.418 ***	0.614 ***	-			
5	心理的安全性	4.225	0.655	0.127	0.133	0.284 **	0.307 **	-		
6	イノベーション風土	2.767	0.860	0.188 †	0.345 **	0.186 †	0.202 †	0.165	-	
7	エンゲイジメント	3.189	0.707	0.133	0.215 *	0.167	0.277 *	0.427 ***	0.518 ***	-
8	協働	3.536	0.732	0.060	0.347 ***	0.319 **	0.432 ***	0.357 ***	0.328 **	0.468 ***

†：p<0.1　*：p<0.05　**：p<0.01　***：p<0.001

出所：筆者作成

表3b　相関係数（外国人非雇用群）　(n=388)　（売上高の増加率は回答データを反転して使用）

		平均値	標準偏差	1	2	3
1	売上高の増加率	3.638	1.523	-		
2	新規創発	2.754	0.920	0.122 *	-	
3	既存強化	3.583	0.771	0.144 **	0.521 ***	-
4	変革型リーダーシップ	3.747	0.623	0.104 *	0.355 ***	0.523 ***

†：p<0.1　*：p<0.05　**：p<0.01　***：p<0.001

出所：筆者作成

図1　外国人雇用群における偏相関分析結果

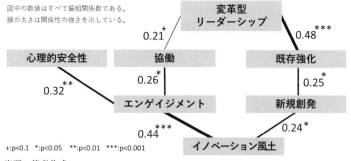

図中の数値はすべて偏相関係数である。
線の太さは関係性の強さを示している。

+:p<0.1 *:p<0.05 **:p<0.01 ***:p<0.001
出所：筆者作成

5　考察

　本稿では，外国人を雇用することでダイバーシティが増加した尼崎市の中小企業を対象として，企業業績と経営者行動や組織風土，企業活動との関係性について包括的に検討するとともに，競争優位性を確立するダイバーシティ・マネジメントの可視化を試みた。相関分析においては，外国人非雇用群では「新規創発」「既存強化」「変革型リーダーシップ」の3つの変数はいずれも「売上高の増加率」と有意な相関関係を示した（表3b）。しかし，外国人雇用群においては同様の相関関係は認められなかった（表3a）。したがって，ダイバーシティの増加自体が組織に複雑で大きな影響を与えており，そのため経営者のリーダーシップや企業活動が企業業績にストレートに反映されにくくなっていることが示唆された。また，偏相関分析を行ったところ，「変革型リーダーシップ」と「イノベーション風土」及び「売上高の増加率」との間に直接的な関係は存在せず，それらの変数間を複数の変数が介在することが明らかになった。すなわち，この各段階で生じる様々な要因がボトルネックとなった場合には，経営者による「変革型リーダーシップ」の発揮が「イノベーション風土」に反映されず，結果として企業業績にプラスの影響を与えないことが推察される。

　さらに，「エンゲイジメント」が「協働」「心理的安全性」「イノベーション風土」という3つの変数を結びつけるキーストーンとなっていた。このことは，外国人雇用後の組織において，葛藤や負担感を抱える従業員から仕事に対する活力や熱

意を引き出すマネジメントの重要性を示す証左と言えよう。

　企業業績との関連においては統計学的な有意差は得られなかったものの，「売上高の増加率」に対して「イノベーション風土」が最も大きなプラスの偏相関係数を示した。イノベーションの実現には常に不確実性が伴うだけでなく，その成果が企業業績に反映されるまでには相当の時間が必要である。そのため，成果が表出するまでにはタイムラグがあることが，その背景にあると考えられる。

　図1に示すように，組織風土と企業活動の2つの側面は，車の両輪のようにそれぞれ「イノベーション風土」に直接関係している。どちらが欠けても成り立たないこの関係性において，企業活動である「新規創発」よりも，組織風土である「エンゲイジメント」のほうが「イノベーション風土」に対して，より強い関係性を示していた。すなわち，ダイバーシティの増加した組織においては，組織風土変革が業績向上の要諦であると言える。ダイバーシティの増加前と同じ経営者行動のスタイルでは，ダイバーシティの増加に伴い，組織内に生じる葛藤を解消し克服することが困難となり，うまく企業活動に適合させることができない。そのため，ダイバーシティ増加のマイナス面が浮き彫りになってイノベーション創出に結びつかなくなると推察される。

　既存研究では，ダイバーシティ増加のプラスの影響は，スキルや情報，知識の多様性が増加して問題解決能力が高まり，独創性が発揮されることで組織にプラスの影響を及ぼすと論じられてきた（谷口真美，2013，p.51）。しかし，本稿で分析対象とした中小企業で雇用されている外国人は，決してスキルが高く知識が豊富な人材ばかりではない。そのような場合でも，経営者のリーダーシップにより組織学習が進み，組織風土の変革と企業活動がともに牽引されることで，イノベーション創出につながる可能性が見出された。このような組織風土の変革を進めるには，日本人だけでなく外国人を含めた組織成員全体の意識・行動・価値観の変革が不可欠である。ダイバーシティに関する経営者個人の経験に基づく知識や理念を組織全体に浸透させ，多様性を受容する風土が醸成されることで初めて，ダイバーシティを企業の成長に結びつけることが可能になる，と言えるだろう。

6　まとめと今後の課題

　本稿では，中小企業におけるダイバーシティ・マネジメント研究に，経営者行動と組織変革・企業活動の関係という新しい視角を導入し，分析を行った。その結果，経営者行動が組織風土と企業活動の２つの側面を通してそれぞれイノベーション風土の醸成に影響を与えるという関係，すなわち「両輪の関係性」が存在することを明らかにした。これまでの中小企業におけるダイバーシティ・マネジメントに関する研究では，ケーススタディから得られる知見が個別に蓄積されてきた。それに対して本稿では定量的分析により要因間の関係性を実証し，ダイバーシティ・マネジメントに関するより包括的な知見を得ることができた点で学術的意義があると考える。また，ダイバーシティが増加した企業における経営者のリーダーシップとイノベーション風土の醸成との間には直接的な関係は認められず，組織風土と企業活動によって媒介されるという本稿での発見事実は，外国人を雇用する上で中小企業経営者に実践的示唆をもたらすものと考える。

　Barney and Hesterly（2020）は，因果関係の不明性が高く，人間関係や信頼など短期的には模倣コストの高い社会的関係をベースとした経営資源は，模倣困難性が高いため，持続的な競争優位の源泉になると述べている（Barney,J.B. and Hesterly,W.S., 2020, pp.119〜167）。したがって，ダイバーシティ・マネジメントは，まさにBarney and Hesterly（2020）が指摘する「持続的な競争優位の源泉となる経営資源」に該当すると言えるだろう。今後，日本の中小企業においてダイバーシティが増加する方向性は変わらず，時代環境に適合した経営資源としてのダイバーシティ・マネジメントの重要性はさらに高まることが予想され，一層の研究蓄積が期待される。

　最後に，本稿の限界及び今後の課題について述べる。本稿では，ダイバーシティに対する企業の認識や取組姿勢の違い及び従業員における外国人比率には言及しておらず，それらの差異が与える影響についても検討が必要である。また，企業業績に影響を与える経営者行動と組織風土及び企業活動の関係については，本稿は因果関係の立証に向けた仮説の探索段階であるため，分析の精緻化が不可欠である。今後，尼崎市以外の地域の中小企業との比較など，幅広いケーススタディを積み重ね，競争優位性の確立に結びつくダイバーシティ・マネジメントのプロセスの更なる解明に資する研究を進めていきたい。

〈注〉

1　厚生労働省「外国人雇用状況の届出状況まとめ（2022年10月末現在）」(https://www.mhlw.go.jp/stf/newpage_30367.html) 2023年2月1日閲覧。

2　本稿においては，「外国人」を，出入国管理及び難民認定法第2条第2号に定める「日本の国籍を有しないもの」と定義する（ただし，特別永住者並びに在留資格が「外交」及び「公用」の者を除く）。また，外国人を雇用する小規模の中小企業においては，外国人とともに働くこと自体が組織に強い影響を与えると考えられたため（三宮，2022），労働者としての外国人を包括的に捉え，在留資格及び雇用形態別の分類は行わない。

3　本稿においては企業活動を「新事業の創出や新規取引先の拡大等，戦略のリニューアルにつながる『exploration（探索）』の取組及び，既存技術や既存市場を活かしその収益性や効率性を高める『exploitation（活用）』の取組」と定義する。

4　中原（2021）は「変化・革新が許容・促進・奨励されたりしている組織風土」を「イノベーション風土」と定義しており，本稿ではこの定義を援用する。

5　労働政策研究・研修機構（2003）は，「組織の現在の秩序や部下の要求の変化を生み出すリーダーシップ」を「変革型リーダーシップ」と定義しており，本稿ではこの定義を援用する。

6　狩俣（1994）の定義に従い，本稿では「組織風土」を「個人が働いている組織ないし集団の特徴について有する知覚であり成員間でコンセンサスあるいは共通性があるときに生じるもの」と定義する（狩俣正雄，1994，p.198）。

7　「令和3年度尼崎市内事業所の外国人材の活用等に関する意識調査【報告書】」「令和元年度尼崎市内事業所の外国人労働者の活用に関する意識調査【報告書】(https://www.city.amagasaki.hyogo.jp/sangyo/yusi_josei /keiei _sien /1020090/1020093.html) 2023年2月1日閲覧。尼崎市は，阪神工業地帯の中核的な役割を担う産業都市として発展し，製造業をはじめとした多くの中小企業が集積する都市である。さらに，在留外国人総数及び外国人労働者数ともに兵庫県下の自治体の中でも上位に位置しており，本稿の趣旨に照らし，分析対象地域として適正であると判断した。

〈参考文献〉

1　狩俣正雄（1994年）『組織のリーダーシップ』中央経済社

2　三宮直樹（2022年1月）「外国人雇用中小企業における経営者行動と組織変革プロセス―修正版グラウンデッド・セオリー・アプローチ（M-GTA）を活用した探索的研究―」『大阪商業大学論集』第17巻第3号pp.51〜72

3　塩谷剛（2020年9月）「経営者による探索と活用が企業パフォーマンスへ及ぼす影響」『組織科学』第54巻第1号pp.46〜59

4　関智宏（2017年11月）「ものづくり中小企業とインターナショナライゼーション―日本の中小企業における『ヒト』の国際化―」『商工金融』第67巻第1号pp.28〜42

5　竹内英二（2019年7月）「外国人材の活用と中小企業の成長」『日本中小企業学会論

集』第38号pp.31〜44

6　谷川智彦（2020年7月）「職場におけるダイバーシティとパフォーマンス」『日本労働研究雑誌』第720号pp.59〜73

7　谷口真美（2008年5月）「組織におけるダイバシティ・マネジメント」『日本労働研究雑誌』第574号pp.69〜84

8　谷口真美（2013年）『ダイバシティ・マネジメント　多様性をいかす組織』白桃書房

9　谷口真美（2014年8月）「組織成果につながる多様性の取り組みと風土」『経済産業研究所Discussion Paper Series』pp.1〜36

10　中小企業庁（2009年）『中小企業白書2009年版』日経印刷

11　中原淳（2021年）『経営学習論（増補新装版）』東京大学出版会

12　文能照之（2012年3月）「中小・ベンチャー企業のイノベーション戦略―戦略適合性と競争優位性の観点から―」『関西ベンチャー学会誌』第4巻pp.29〜38

13　労働政策研究・研修機構（2003年9月）「組織の診断と活性化のための基盤尺度の研究開発―HRMチェックリストの開発と利用・活用―」『調査研究報告書』第161巻pp.287〜438

14　山口隆之（2012年3月）「中小企業経営の特徴と近接性」『商学研究』第59巻第3号pp.71〜91

15　Barney,J.B. and Hesterly,W.S.（2020）*Strategic Management and Competitive Advantage: Concepts*, Global Edition, Pearson Education Limited（岡田正大訳（2021年）『新版企業戦略論（上）』ダイヤモンド社）

16　Brown,S.P. and Leigh,T.W.（1996）"A New Look at Psychological Climate and Its Relationship to Job Involvement, Effort, and Performance" *Journal of applied psychology*, 81(4), pp.358〜368

17　Guillaume,Y.R.F., Dawson,J.F., Otaye-Ebede,L., Woods,S.A. and West,M.A.（2017）"Harnessing demographic differences in organizations: What moderates the effects of workplace diversity?" *Journal of Organizational Behavior*, 38(2), pp.276〜303

18　Ling,Y.A.N., Simsek,Z., Lubatkin,M.H. and Veiga,J.F.（2008）"Transformational Leadership's Role in Promoting Corporate Entrepreneurship: Examining The CEO-TMT Interface" *Academy of Management Journal*, 51(3), pp.557〜576

19　Singh,V. and Point,S.（2004）"Strategic Responses by European Companies to the Diversity Challenge : An Online Comparison" *Long Range Planning*, 37(4), pp.295〜318

（査読受理）

外注取引関係にある注文生産をしている
企業に対する資源の依存性

—中小の部品・製品メーカーにおける劣位性—

千葉商科大学　松下幸生

問題意識

　新製品や新サービスの創造，そして，第二創業という将来の経営展開に係る関心は高い。これらに資する取組の一環として，中小企業研究を強く意識するかたちでJ.Pfeffer and G.R. Salancik（1978）の資源の依存性を決定する3つの要因という基礎的な理論に注目をしている。

　過去の論文では「外注取引関係にない注文生産」[注1]（拙稿，2019a，p.134）をしている中小企業，正確には中小の製品メーカーを対象に，資源の依存性を決定する3つの要因を適用するかたちで理論的な解釈を果たした。本論では，「外注取引関係にある注文生産」[注2]（拙稿，2019a，p.134）をしている中小の部品・製品メーカーにおいても同じ理論を適用可能か否かの検討を試みる。外注取引関係の有無に関わらず単一の理論による解釈をできるならば，中小の製造業にかかる研究蓄積の延長線上に論じられるという学術的貢献ができるとともに，中小の製造業が新製品や新サービスの妥当性を経営展開に取り組む前に確認できる手法を提示できると考える。

1．前回研究の到達点

1-1．外注取引関係にない注文生産をしている企業における資源の依存性．

　最初に，そもそも発注側企業と発注先企業との組織間関係のみに注目するならば，外注取引関係の有無を論ずるに能わずとの疑義が生じる。しかしながら，「外

注取引関係にある注文生産」をしている企業の経営者にとって，一部の事業にせよ「外注取引関係にない注文生産」に展開することは容易ならざることである。自社の経営資源を活用して新製品開発等を果たす，または，情報通信技術等を導入するだけでは「外注取引関係にない注文生産」に移行し難いためである。そのために，より具体的で平易なツール（資源の依存性をいかなる状態に変えるべきかを論じられる橋渡し）が求められているのではないだろうか。

　こうした背景によって，拙稿（2019a）「中小の製品メーカーにおける優位性：外注取引関係にない注文生産をしている企業に対する資源の依存性」を論じている。詳細は拙稿2019aに譲るが，構成を端的に述べると，最初に中小の製品メーカーにおける優位性の獲得は「資源の依存性を決定する要因」（J.Pfeffer and G.R.Salancik, 2003, pp.46〜51）を拠りどころに解釈可能だと確認をしている。そのうえで，考察対象を中小の製品メーカー全体ではなく「外注取引関係にない注文生産」をしている中小の製品メーカーに絞り込むことで，より妥当な考察が可能だと3社の事例による検討をつうじて主張をしている。

1－2．「対価を期待できる」状態，および，「対価を得難い」状態

　次に，拙稿（2019b）「資源の依存性を決定する要因にもとづく解釈：中小の製品メーカーを対象に」を概説する。この資料では，拙稿（2019a）の投稿規定における文字数制限の関係上，最小限に留まっていた「資源の依存性を決定する要因」（J.Pfeffer and G.R.Salancik, 2003, pp.46〜51）の説明，および，資源の依存性を決定する要因に基づく解釈をしている。前半では「資源の依存性を決定する要因」を原著に基づき概説したうえで，それらを中小の製品メーカーと発注側企業（組織間）に適用，解釈をしている。また，後半では中小の製品メーカーにおける対価の獲得，および，発注側企業からの依存性（組織間の依存性）に係る解釈を詳述している。詳述した内容をまとめたものが「発注側企業の製品メーカーに対する依存性が高い状態」（表1），ならびに，「発注側企業の製品メーカーに対する依存性が低い状態」（表2）である[注3]。

　拙稿（2019b）の目的たる，特定の中小の製品メーカーが新たな経営展開を図る際に，顧客（発注側企業）の依存性をいかなるかたちで高めるかに係る項目を俯瞰すると，「外注取引関係にない注文生産」をしている中小の製品メーカーであったとしても，発注先企業の保有技術を活かして新製品開発を果たすなど1つ

の依存性を高めることが発注側企業の依存性を必ずしも高め得ないことを表わしている。換言するならば，発注側企業からの依存性を高められるか否かを，資源の依存性3つの要因（資源の重要性，資源配分と使用に関する裁量，資源管理の集中にかかるⅰ～ⅵの要素）によって，おおまかに検討できるツールになり得ると述べている。

表1．発注側企業の製品メーカーに対する依存性が高い状態

	発注先企業は対価を期待できる（依存性高）
資源の重要性	ⅰ）製品メーカーに対する発注側企業における経営資源の取引量が相対的に大きく，かつ，発注側企業にとって，生産上，欠かせない経営資源を保有している製品メーカーが1社（または，ごく僅か）しか存在していない。 ⅱ）障害発生時に，解決手段を特定の製品メーカーに頼らざるをえない。
資源配分と使用に関する裁量	ⅲ）製品メーカーが発注側企業の所有している法的な裏付けのない知識や情報を使わずに，製品メーカー自身の所有している知識や情報を使い取引をしている。 ⅳ）製品メーカーが発注側企業に法的に裏付けられている所有権を握られないかたちで取引をしている。 ⅴ）製品メーカーが規則，細則，明文化されていないかたちを含む取引慣行，または，契約文書を作り，発注側企業に受容させている。
資源管理の集中	ⅵ）多くの発注側企業が特定の製品メーカーとの取引を望んでおり，代替組織を見つけられない（代替組織を育成できない）。

注）上記ⅰとⅱは相互依存の関係にある。
（出所）松下，2019b，p.102に一部加筆.

表2．発注側企業の製品メーカーに対する依存性が低い状態

	発注先企業は対価を得難い（依存性低）
資源の重要性	ⅰ）製品メーカーに対する発注側企業における経営資源の取引量が相対的に小さく，かつ，発注側企業にとって，生産上，欠かせない経営資源を保有している製品メーカーが複数社存在している。 ⅱ）障害発生時に，解決手段を特定の製品メーカーに頼る必要がない。
資源配分と使用に関する裁量	ⅲ）製品メーカーが発注側企業の所有している法的な裏付けのない知識や情報を使い，直接的な資本関係の有無に関わらず実態的に発注側企業の管理の下で取引している。 ⅳ）製品メーカーが発注側企業になんらかの法的に裏付けられている所有権を握られたかたちで取引をしている。 ⅴ）発注側企業が規則，細則，明文化されていない取引慣行，または，契約文書を作り，製品メーカーに受容させている。
資源管理の集中	ⅵ）発注側企業は代替組織を比較的容易に見つけられる（代替組織を育成可能である）。

注）上記ⅰとⅱは相互依存の関係にある。
（出所）松下，2019b，p.102に一部加筆・修正.

　こうした拙稿（2019a），拙稿（2019b）における理論的解釈をつうじて，「外注取引関係にない注文生産」をしている中小の製品メーカーにおける優位性の獲得は，「資源の依存性を決定する要因」を拠りどころに解釈可能だと述べている。

2．考察対象を扱う際の論点

2−1．問題性と効率性の捉え方

　本節では，拙稿（2021）「資源の依存性を決定する要因にもとづく解釈：外注取引関係にある注文生産をしている中小の製造業を対象に」を引用するかたちで，資源の依存性を決定する要因を「外注取引関係にある注文生産」をしている中小製造業にも適用可能か否かを理論的な視座に立ち検討する。1−1において述べたとおり，組織間関係のみに注目するならばこの観点は必須といい難く，発注先企業（中小製造業）を外注取引関係の有無に区分する必要性は乏しい。しかしながら，本研究の目的たる，発注先企業の将来的な経営展開（資源の依存性をいかなる状態に変えるべきか）を主に高度経済成長期以降の研究蓄積の延長線上に論じられる理論展開を果たすうえで，表1と表2の検討は有効だと考えている。とはいえ，拙稿（2019a），拙稿（2019b）の適用対象は，「外注取引関係にある注文生産」をしている中小部品メーカーや中小製品メーカーではなく，「外注取引関係にない注文生産」をしている中小の製品メーカーに限定している。それゆえに，「外注取引関係にある注文生産」をしている中小部品メーカーや中小製品メーカーにおいても，J.Pfeffer and G.R.Salancikの「資源の依存性を決定する要因」を適用可能か否かの検討が必要である。換言するならば，過去の研究蓄積を対象にしても解釈可能か否か，ならびに，過去のケースを扱う過程で意識するべき視点の検討を試みる。

　本節では問題性と効率性の捉え方を概説する[注4]。「資源の依存性を決定する要因」に言及している先行研究として，山中伸彦（2012），山田耕嗣（2016），髙田亮爾（2003）がある。山中伸彦氏によると，資源依存パースペクティヴの権力分析の理論的貢献と限界において，J.Pfeffer and G.R.Salancikの貢献を整理・解釈したうえで，環境の要請と組織の社会的現実との乖離に伴う環境不適合という論点が指摘されるにもかかわらず，実際の分析においてこの点は全く顧みられないとの疑義を呈している。そして，「組織における権力分析の焦点は客観的に把握

される環境との資源依存関係と組織における権力関係との静態的な適合関係から，環境変化に伴っていかに組織における権力関係が変動するのかという動態的な変化の過程に移行される必要がある」（山中伸彦，2012，p.15）と述べたうえで，組織における権力研究に取組むにあたり，資源依存パースペクティヴが正当にもその重要性を指摘しつつ分析から除外した論点に取組まねばならないと主張し，今後の組織における権力分析の課題3点[注5]を提示している。この主張を意識して記すならば，本論において注目をしている考察対象たる「外注取引関係にある注文生産をしている企業」は，戦前から高度経済成長期を経て近年に至る組織関係の動態的な変遷というかたちで論じられるべきであろう。

　髙田亮爾氏は中小企業問題に関する理論的研究の展開を経て，効率性と問題性の統一的な理解と把握を課題として指摘している[注6]。この課題を解消するために企業間取引分業関係にかかる理論（資源依存論，取引コスト論）に注目し[注7]，さらに中小企業の構造変化，および，企業間取引分業関係の重層性と階層的相違を念頭におきつつ，企業間取引分業関係の理論的枠組みを考察している[注8]。そのうえで，中小企業の企業間取引分業関係において，発展的・効率的側面が強くあらわれるか，問題的側面が強くあらわれるかは3つの条件（①関係する企業の経営資源蓄積状況，企業能力（competence）の程度，②関係する企業間で相互補完性の程度，③関係する企業の経営資源充実・向上への自己学習能力・改善能力・革新能力等の程度）に規定されると主張している。続けて，これら諸条件は中小企業上位層に一般的に見受けられる一方で，多くの中小企業下位層にこうした諸条件の整わないことを指摘し，それが問題性発現の一要因であり，また，結果として企業間格差を生んでいると指摘している。これらの検討を踏まえて，中小企業下位層においては，資源依存論の片務的依存関係モデルが有効な説明力をもつだろうと述べている[注9]。

　髙田亮爾氏の成果を基盤に述べると，「中小企業下位層」を考察対象に絞り込むならば，本論の目的（「外注取引関係にある注文生産」をしている企業を対象に資源の依存性3つの要因によって解釈すること）は馴染むといえよう。ただし，解釈をする際には，「問題性」の意識，および，常に発注側企業よりも発注先企業の劣位な状態にあることを念頭に置くべきである。

　他方，「中小企業上位層」については資源依存論によって解釈し難く，取引コスト論による考察を選択している。この点を検討すると，「外注取引関係にある

注文生産」をしている企業を対象にする限りにおいて，程度の差こそあれ劣位な状態から優位な状態に転じることはない。部分的に優位な状態に転じるようにみえたとしても，発注側企業は複数社に発注の分散を志向する，もしくは，内製化を志向するためである[注10]。したがって，「外注取引関係にある注文生産」をしている企業を対象に資源の依存性３つの要因を検討するにあたり，「効率性」は劣位性の程度を規定する要素と位置づけられるために，本論における解釈の試みを妨げるものではないといえよう[注11]。

２－２．階層的構造のもとでの階層化された競争の捉え方

　本節では「外注取引関係にある注文生産」をしている企業を資源の依存性３つの要因によって解釈するうえで，「階層性」をどのように意識するのかを検討する。

　髙田亮爾氏は資源依存論と取引コスト論の検討を経たうえで，「わが国中小企業を中心とする企業間取引分業関係を分析する際に，その説明力は大きいものの，同時になお十分とはいえない面もあると考えられる。日本における中小企業の企業間取引分業関係を考える場合，その階層性を抜きに考えられないうえ，またその合理的・効率的側面と問題的側面の両面を合わせもつものとして，構造的・統一的に捉えることが必要である。」（髙田亮爾，2003，p.51）と述べている。また，取引分業内容の多面性による階層性形成の一因の醸成に係る先行研究の指摘[注12]，および，企業間取引分業関係における「関係財」と階層性の関連性が重要な論点であることを指摘している[注13]。これらの指摘ゆえに，「外注取引関係にある注文生産」をしている企業を資源の依存性３つの要因によって解釈するにあたり，「階層性」の意識は欠かせないといえよう[注14]。

　ところで，資源の依存性３つの要因によって解釈するにあたり，いかなるかたちで「階層性」を意識するべきかを考察する。この点については，渡辺幸男氏の指摘が参考になるだろう[注15]。

　　構築される論理的枠組は，下請中小企業を含めた中小企業全体の競争関係を出発点とする必要のあることが提示された。これにより，収奪関係の存在の根拠を，親企業と下請中小企業との下請関係の形態そのものからみちびきだすのではなく，諸資本・企業の競争関係に求めることができ，「自立」的下

　請関係を位置づけうる可能性が生じてくるのである。また，下請中小企業を
含めた中小企業全体を諸資本・企業の競争関係の中で把握するためには，独
占段階での諸資本の競争を資本規模による階層的構造のもとでの階層化され
た競争と把握する理論的視点を出発点とすべきであろう。（渡辺，1983a，
p.249）

　上記の内容を踏まえて記すと，「外注取引関係にある注文生産」をしている企
業を資源の依存性３つの要因に拠る解釈をするにあたり，「階層的構造のもとで
の階層化された競争」という捉え方を意識するべきである。
　では，「対等ならざる外注取引関係」という用語の背景に蓄積されている研究
成果をどのように反映するべきだろうか。「階層的構造のもとでの階層化された
競争」を出発点に，その後の「山脈構造型社会的分業構造の概念図」（渡辺幸男，
1997, p.159）に至る展開を踏まえると，本論において１社の下請中小企業を「「自
立」的下請取引関係」，「従属的下請取引関係」を始めとした用語を使用するので
はなく，「外注取引関係にある注文生産」をしている企業という用語を使用する
ことが妥当と考える^{注16)}。その理由は次の記述に収束されよう^{注17)}。

　　受注生産型企業に，下請取引を主たる業務とする企業に，従属的な企業や「自
　　立」的な企業が存在するのではなく，個別の取引関係に従属的な関係や「自
　　立」的な関係が存在するのである。それゆえ，一方の受注先の企業と従属的
　　な取引形態を結びながら，同じ受注生産型企業が他方の受注先企業とは「自
　　立」的な取引関係を形成することが可能であるし，実際にそのような取引関
　　係にある企業は数多く存在している。（渡辺幸男，1997，p.164）

　上記の引用文を意識して述べると，「外注取引関係にある注文生産」をしてい
る企業を対象に資源の依存性３つの要因によって解釈するならば，外注取引関係
にある発注先企業は（複数の）発注側企業全てと固定的な組織間関係を構築して
いるとは限らないといえる。それゆえに，「外注取引関係にある注文生産」とい
う枠に留めて，下請取引関係の形態に敢えて踏み込まないことが妥当と考える。
そうすることで，「階層的構造のもとでの階層化された競争」を意識したからと
いって，資源の依存性という観点から捉えることを妨げないといえよう。

　以上の検討から，「対等ならざる外注取引関係」という用語の背景に蓄積されている研究蓄積を強く意識しつつ，資源の依存性３つの要因という単一の理論による解釈は可能だと考える。換言するならば，発注側企業と「対等ならざる外注取引関係」にある発注先企業との取引関係の形態そのものから検討するのではなく，「対等ならざる外注取引関係」にある発注先企業の過度競争を利用できる仕組みを構築してきた発注側企業と発注先企業との組織間関係として考察可能だと考える。

3．外注取引関係にある注文生産をしている中小製造業に対する資源の依存性

3－1．課題設定
　本節の目的は，これまでの考察を踏まえて，「外注取引関係にある注文生産」をしている中小製造業に対しても資源の依存性３つの要因によって説明できるか否かを考察することである。

　2－1，2－2における考察を踏まえて述べるならば，外注取引関係にある注文生産を請けている発注先企業がいかなる劣位性を有しているのか，または，発注側企業がいかなる優位性を構築していたのかに係る事例と研究蓄積を洗い出す手法が考えられる。続けて，洗い出した過去の事例と研究蓄積のそれぞれを，表２におけるⅰ～ⅵのいずれに適用可能か否かを確認する。そのうえで，「外注取引関係にある注文生産」をしている企業を対象に資源の依存性３つの要因という理論で説明可能との主張に至る展開である。これらを次節において考察する[注18)]。

3－2．過去事例にかかる考察
　本節では文字数制限の都合上最小限に留まるが，主に高度経済成長期から1990年代における「外注取引関係にある注文生産」をしている中小製造業の先行事例を間接的に反映するかたちで，表２における資源の依存性３つの要因のⅰ）～ⅵ）を説明できるか否かを考察する。

　表３は，外注取引関係にある企業を資源の依存性３つの要因によって解釈できるか否かを考察するために，ⅰ）～ⅵ）の背景にある先行資料を対応させたものである。

　最初に，ⅰ），ⅱ）について説明をする。資源の重要性は総取引量に占める投入や産出の割合の大きさ，そして，組織経営において欠かせない経営資源であり，かつ，双方は相互依存の関係にある[注19]。本論で注目している「外注取引関係にある注文生産」をしている中小製造業は，ⅰ），ⅱ）の相互依存の関係を考慮すると，発注側企業が大企業ならば存在しないといえよう。これらの項目は認識されていたものの，高度経済成長期から1980年代にかけて敢えて注目する意義の乏しさゆえに「外注取引関係にない注文生産」をしている企業を例外的な存在として扱い一体的に論じられなかったと考えられる[注20]。

　ⅲ）とⅴ）についての説明についてだが，表3に記載している先行研究は文字数制限の都合上，代表的な成果の一部を挙げるに留めている。しかし，膨大な研究蓄積を擁する項目であり，総じて右肩上がりの成長を期待できた時代，発注側企業は発注先企業に対して有利な取引要件を受容させる仕組みを構築してきたといえよう。

　ⅳ）についてだが，J.Pfeffer and G.R. Salancik（2003）における「所有」には，資本の所有に留まらず，情報や知識も含まれている点に注意を要する。資本の所有についてだが，劣位な立場にあることを前提にしているために，敢えてⅳ）を掘り下げ資本関係のある子会社，またはそれに準ずる存在に注目する意義は限定的だったといえよう。他方，法的に裏付けられている情報や知識たる知的財産権については，多くの研究成果を擁している。しかし，本稿において注目している「外注取引関係にある注文生産」をしている企業に限ると，その目指すところは利益の増加や取引関係の強化に資する有効な手段として論じられる傾向にあり，高度経済成長期以降に蓄積されてきた知見の延長線上，動態的な変化として論じられることは限定的だったといえる。

　ⅵ）についてだが，発注側企業は「外注取引関係にある注文生産をしている中小製造業」たる代替企業を比較的容易に見つけられる。発注先企業同士で繰り広げられている階層的構造のもとでの階層化された激しい競争によって，発注側企業は激しい競争を勝ち抜いた企業と新たな取引関係を結ぶことで自らの生産力向上の一部に組み込む組織間関係を構築してきたためである[注21]。なお，需要動向や発注先企業（群）によって変動することを出発点に解釈している旨，留意されたい。

　このように表3を俯瞰すると，「外注取引関係にある注文生産」をしている企

表３．発注側企業の発注先企業（中小製造業）に対する依存性が低い状態

	対価を得難い（依存性低）
Ⅰ 資源の重要性	ⅰ）発注側企業に対する発注先企業における経営資源の取引量が相対的に小さく，かつ，発注側企業にとって，生産上，欠かせない経営資源を保有している発注先企業が複数社存在している。 ⅱ）障害発生時に，解決手段を特定の発注先企業に頼る必要がない。 　　発注側企業が大企業ならば，特殊な環境を除いて「外注取引関係にある注文生産」に該当している発注先企業は存在しない。
Ⅱ 資源配分と使用に関する裁量	ⅲ）発注先企業は発注側企業の所有している法的な裏付けのない知識や情報を使い，直接的な資本関係の有無に関わらず実態的に発注側企業の管理の下で取引している。 　　巽信晴（1988），p.71. 　　　とくに親企業と協力企業との間では，受発注管理から親企業による生産管理の一元化，さらに技術・経営共同体としての一体化ということで，「標準モデルシステム（標準ソフト）」の導入とその指導が行われ，企業経営の効率化や生産性の向上が促進される。しかしこれは同時に協力企業が親企業の分工場的存在となって管理される可能性を高めるものである。 　　日産自動車株式会社（1985） 　　　昭和30年代以降の急速なモータリゼーションの進展と開放経済体制に対応するため，当社みずからの企業基盤強化に総力をあげて取り組むとともに，協力部品メーカーに対する指導・援助につとめ，日産グループ全体の合理化，効率化を図ることによって，量産体制の確立と原価低減をなしとげてきた。 　　港徹雄（1988），p.13 　　　戦時において，「浮動的下請取引から専属的下請取引関係への転換，親企業の下請企業に対する指導・育成，また，資材割当てを通じた階層的下請生産構造の系統化が強力に遂行された。この結果，中小企業の大部分が下請企業として親企業の強力な統制に服するという企業間関係が形成された。」 ⅳ）発注先企業は発注側企業になんらかの法的に裏付けられている所有権を握られたかたちで取引をしている。 　　資本関係のある子会社に注目する意義は限定的だった。 　　商工総合研究所［2019］，p.21. 　　　例えば，「資本の受入」は減少傾向を続けており6.9%（2018）になっている。 　　港徹雄［2009］，p.665. 　　　「所有によるコントロール」 　　　知的財産権については，発注側企業との取引関係を強化する手段として論じられることが多く，資源配分と使用に関する裁量に係る視座に立った扱いは乏しい。 ⅴ）発注側企業は規則，細則，明文化されていない取引慣行，または，契約文書を作り，発注先企業に受容させている。 　　太田進一（1983），p.58. 　　　一般的には，親メーカーの製品開発や技術革新によって下請企業へも技術水準の高い製造方法を求めるが，その際は親メーカーの寡占間競争を意識して，必ずコスト削減の方向に沿っていなければならない。 　　港徹雄（1985），p.46. 　　　我が国の産業発展過程において資金，市場，技術は中小・零細企業にとって，最も希少性の高かった経営資源であった。それゆえにこそ，親企業の持つこのような経営資源の相対的優位性が，下請企業をして親企業の指示を権威あるものとして受容させその統制を有効なものにしたのである。 　　植田浩史（1987），pp.16〜17 　　　有償支給財…にしている理由は，下請企業が自己調達してきた原材料の価格を交渉によって決定するのは，それだけで手間がかかる上に，…価格管理に不確定要因を残すことになる。下請単価の中で，下請との交渉で決めなくてはならない部分はできる限り縮小させておくことが…価格管理上重要な点なのである。 　　港徹雄（2009），pp.665-667 　　　「所有なきコントロール」の受容
Ⅲ 資源管理の集中	ⅵ）発注側企業は代替組織（代替企業）を比較的容易に見つけられる（育成可能である）。 　　渡辺幸男（1985），p.20.を参考に記載 　　　「対等ならざる外注」取引関係にある発注先企業同士の過度競争を利用できる仕組み。 　　渡辺幸男（1997），p.159 　　　山脈構造型社会的分業構造

注）上記ⅰとⅱは相互依存の関係にある。

（出所）筆者作成．

業に対しても，資源の依存性3つの要因による解釈は可能だといえる。発注先企業に対する「資源の重要性」の依存性の低さ，「資源管理の集中」の依存性の低さを背景に，発注側企業は「資源配分と使用に関する裁量」の依存性を低い状態に保ちえたためである。例えば，ⅲ）～ⅵ）いずれかの依存性を高める発注先企業の現われる状態になったとしても発注側企業はⅰ）～ⅵ）の項目によって発注先企業に対する依存性を低く抑えられる組織間関係を築いてきた，または，依存性の高まりを抑制する行動を取ってきたためである。このように，「「対等ならざる外注取引関係」にある発注先企業同士の過度競争を利用できる仕組み」（2－2参照）を講じてきた発注側企業は社会的分業構造の構築・維持に努めてきたといえよう。

まとめと今後の課題

　以上の考察をつうじて，本論では「対等ならざる外注取引関係」にある発注先企業の過度競争を利用できる仕組みを構築してきた発注側企業と発注先企業との組織間関係のうち，「外注取引関係にある注文生産」をしている企業に対象を絞り込むかたちで資源の依存性による理論的な解釈をできるとの主張に至った。

　その結果として，例外的な存在として扱われてきた「外注取引関係にない注文生産」をしている企業であろうとなかろうと，単一の理論による解釈が可能になったといえよう。また，更なる検討を要するが，この理論によって期待できることは1）新製品や新サービスの開発による脱下請や第二創業を試みる際に，対価の検討をできる手法になり得ること，そして，2）本論において触れていないが「対等ならざる外注取引関係」にある発注先企業の過度競争を利用できる仕組みの埒外に位置する発注側企業との組織間関係のあり方にも展開し得ることである。

　最後に，本論では「外注取引関係にある注文生産」をしている企業に対しても資源の依存性3つの要因によって解釈できると述べたものの，課題も少なからず存在している。表3は高度経済成長期を中心にⅰ）～ⅵ）に対応する検討をしているものの，動態的な変遷として論じきれていないこと（時期ごとに分類した検討に至っていないこと）である。また，中小製造業同士の組織間関係についての解釈に触れていないこと，定量的な検証に至っていないこと，最近の事例，とく

に上述した2）に含まれる海外の企業を発注側企業とするケースを含めた検討に至っていないこと，および，近年の資源依存論を反映させるかたちで考察することも課題である。

〈謝辞〉

　討論者の長谷川英伸先生，ならびに，座長の渡辺俊三先生に心より感謝の意を表します。また，今回の大会報告と論文執筆に取組めたのは2018年の東部部会報告において厳しく，かつ，暖かく導いて頂いた渡辺幸男先生と小川正博先生のおかげです。導いて頂けたために，謝辞の記載に至ることができました。改めて，心より厚く御礼申し上げます。

〈注〉
1　外注取引関係にない注文生産をしている中小の製品メーカーとは，「注文を受ける企業（製品メーカー）の主体的な企画開発をつうじて製品を製造している企業」（松下，2019a，p.134）である。本論では外注取引関係にある注文生産をしている中小の「製品メーカー」を「部品・製品メーカー」に差し換えるものとする。なお，「外注取引関係にある注文生産」，および，「外注取引関係にない注文生産」という用語だが，文脈上，本研究と直接的に繋がらない一文ながらも，「この限りでは，完成品メーカー間の競争と類似しているが，両者には，自社による製品の企画・設計にもとづく生産か，受注先の仕様にもとづく生産かで決定的な差異が存在している」（渡辺幸男，1983b，p.642）を意識して使用している点に留意されたい。この記述は，松下，2019b，p.94，および，松下，2021，p.63においても記載している。
2　外注取引関係にある注文生産をしている企業とは，「注文を発する企業（発注側企業）の主体的な企画開発をつうじて製品を製造している企業」（松下，2019a，p.134）である。
3　表1，および，表2におけるⅰ）〜ⅵ）それぞれの具体的な説明は，松下，2019b，pp.103〜107において述べている。
4　拙稿，2021，pp.53〜69参照。
5　山中伸彦，2012，pp.19-20参照。権力分析の課題1点，組織の変動過程の分析のための課題2点を指摘している。
6　髙田亮爾，2003，pp.9〜42参照。なお，問題性と効率性を含む諸議論を整理・考察した資料として，渡辺幸男，1997，pp.6〜37を参照されたい。
7　髙田亮爾，2003，pp.45〜47，p.51参照。
8　髙田亮爾，2003，p.210に拠り記している。
9　髙田亮爾，2003，p.210，および，髙田亮爾，2003，pp.51〜58参照。

10 この点は，松下，2019b，pp.106〜107を中心とするviを参照されたい。

11 松下，2019a，松下，2019b，そして，本論のいずれにおいても発注先企業は中小製造業であり発注側企業は大企業（製造業）である点に留意されたい。

12 髙田亮爾，2003，pp.57〜58参照。

13 髙田亮爾，2003，p.58に基づき記している。

14 具体例は松下，2019b，p.102を参照されたい。本論の考察対象とは異なり，「外注取引関係のない注文生産をしている中小の製品メーカー」を考察対象としているが，発注先企業に対する資源の依存性の高い要素を記している。

15 本稿における興味の対象は中小製造業の経営展開の妥当性の一端を検討できる理論的な枠組みの構築にあるために，髙田亮爾氏の先行研究から逸れるかたちで考察を展開している。

16 誤解をなくすために記すと，「「自立」的下請取引関係」と「従属的下請取引関係」という用語を使用しないだけであり，これらの関係を意識し続けることに変わりはない。さらに記すと，「「自立」的下請取引関係」については，「第3の立場」（渡辺幸男，1983a，p.247）を特に意識するものである。用語の説明は，渡辺幸男，1985，p.14，および，渡辺幸男，1997，pp.163〜167を参照されたい。

17 なお，ここで述べる引用箇所は，「自立」的下請関係の位置づけに取り組む際の論理的枠組という文脈である旨，留意されたい。

18 本論では全ての先行事例と研究蓄積を反映し難いために，「まとめと今後の課題」に置いて触れているとおり，将来の紀要論文等に譲るものとする。

19 J.Pfeffer and G.R.Salancik，2003，p.46に基づき記している。なお，資源の重要性と資源管理の集中の違いについては，松下，2019bを参照。または，J.Pfeffer and G.R.Salancik，2003，pp.46〜51を参照。

20 拙稿，2019a，pp.138〜140参照。ここでは，本論の主旨から外れるが，「外注取引関係にない注文生産」をしている油圧ジャッキメーカーのケースを記載している。このケースでは，主に災害発生直後に資源の重要性が著しく高まること（ i と ii を満たし，かつ，相互依存にある様）を記している。

21 この一文は，渡辺幸男，1985，p.20を意識して記している。

〈参考文献〉

1 J.Pfeffer and G.R.Salancik，（1978），*The external control of organizations: A resource dependence perspective*, New York, NY: Harper & Row.

2 J.Pfeffer and G.R.Salancik，（2003），*The external control of organizations: A resource dependence perspective*, Stanford Business Classics, Stanford University Press.

2 植田浩史（1987）「自動車産業における下請管理：A社の1970年代の品質・納入・価格管理を中心に」『商工金融』第37巻9号，pp.3〜23

3 商工総合研究所商工中金産業調査部（2019）「2018年度第9回中小機械・金属工業

の構造変化に関する実態調査」

4　太田進一（1983）「中小企業と研究開発」『同志社商学』第35巻2号，pp.34〜60

5　髙田亮爾（2003）『現代中小企業の経済分析：理論と構造』ミネルヴァ書房

6　巽信晴（1988）「高度情報化と中小工業」巽信晴・西田稔編『情報化時代の産業体制』大阪市立大学経済研究所所報第37集，pp.49〜75，東京大学出版会

7　日産自動車株式会社（1985）『日産自動車社史』

8　松下幸生（2019a）「中小の製品メーカーにおける優位性：外注取引関係にない注文生産をしている企業に対する資源の依存性」日本中小企業学会編『日本中小企業学会論集』第38集，pp.130〜143，同友館

9　松下幸生（2019b）「資源の依存性を決定する要因にもとづく解釈：中小の製品メーカーを対象に」山形県立米沢女子短期大学編『山形県立米沢女子短期大学紀要』第55号，pp.93〜109

10　松下幸生（2021）「資源の依存性を決定する要因にもとづく解釈：外注取引関係にある注文生産をしている中小の製造業を対象に」『千葉商大論叢』第58巻3号，pp.53〜69

11　港徹雄（1988）「下請取引における「信頼」財の形成過程」『商工金融』62年度10号，pp.7〜19

12　港徹雄（2009）「パワーと信頼を軸とした企業間分業システムの進化過程」慶應義塾経済学会編『三田学会雑誌』第101巻4号，pp.659〜687

13　山田耕嗣（2016）「資源異存理論の生成と展開」横浜国立大学経営学部横浜経営学会編『横浜経営研究』第37巻第1号，pp.375-389

14　山中伸彦（2012）「資源依存パースペクティヴに見る権力研究の理論的課題：批判的解釈理論からの検討」組織学会編『組織科学』Vol.45(3)，pp.9〜21，白桃書房.

15　渡辺幸男（1983a）「下請企業の競争と存立形態」慶應義塾経済学会編『三田学会雑誌』第76巻2号，pp.238〜253

16　渡辺幸男（1983b）「下請企業の競争と存立形態（中）：「自立」的下請関係の生成をめぐって」慶應義塾経済学会編『三田学会雑誌』第76巻5号，pp.629〜645

17　渡辺幸男（1984）「下請企業の競争と存立形態（下）：「自立」的下請関係の形成をめぐって」慶應義塾経済学会編『三田学会雑誌』第77巻3号，pp.325〜344

18　渡辺幸男（1985）「日本機械工業の下請生産システム：効率性論が示唆するもの」『商工金融』第35巻2号，pp.3〜23

19　渡辺幸男（1997）『日本機械工業の社会的分業構造：階層構造・産業集積からの下請制把握』有斐閣.

（査読受理）

報　告　要　旨

コロナ禍における中小企業経営者の健康問題と
事業継続リスクに関する研究

〈報告要旨〉

福山平成大学　堀越昌和

1．目的と背景

　コロナ禍が長期化するなか，いまだ見通せない先行きに対して，事業継続のモチベーションを維持できず，自ら事業を断念する「ギブアップ廃業」が増加するリスクが懸念されている。こうした状況に対して，新興感染症が中小企業経営に及ぼす影響に関する研究は，今般のコロナ禍を契機に蓄積が進んでいるものの，事業継続のモチベーションと廃業との結びつきについての議論はなされていない。以上の背景を踏まえ，本論文では，筆者らが2021年11月に実施したアンケート調査の結果を踏まえて，コロナ禍における経営者の健康問題が中小企業の事業継続に及ぼす影響を明らかにする。その上で，ポストコロナ時代を見据えた中小企業の事業継続マネジメントの実践的方法を考察する。

2．既存研究の整理

(1) BCMとBCP

　自然災害や新興感染症などの重大なインシデント対応として，BCM（Business Continuity Management，事業継続マネジメント）があり，その中核的な取り組みとなるのがBCP（Business Continuity Plan，事業継続計画）である（亀井，関西大学社会安全学部編，2016）。想定外の事態に対処しえない場合もあるが，インシデント対応においてBCPは有効であり，経営資源の集中性そのものが事業継続リスクとなる中小企業ほどBCPは必要とされる（堀越，2019）。ところが，

規模の小さな企業ほどBCP導入は進んでいない（日本政策投資銀行九州支店，2017）。その結果，経営者の高齢化が進むわが国の中小企業にあって，インシデント対応は彼ら（彼女ら）のリーダーシップに頼らざるを得ない状況にある（堀越，2020）。こうした状況にあるからこそ，経営者不在を想定した代行者を措置しておくことが，最低限，中小企業の事業継続マネジメントの重要な課題となる（堀越，2020）。

（2）経営者の健康問題

中小企業にとって経営者の健康は最大の資産となるが（Torrès, 2017），健康問題は自己責任という認識から（栗岡，亀井，尾久 及び トレス，2020），国内外とも議論はそれほど多くない（尾久，2016）。ところが，〈365日24時間オンコール〉（栗岡，亀井，尾久，馬ノ段 及び トレス，2021）といわれるほどのオンタイムとオフタイムの境界の曖昧さなどにより，中小企業経営者の多くは平常時から高いストレスを抱えている（石埜，松岡，山田，小笠原，竹内，李 及び 椎原，2009）。自然災害などの重大なインシデントの発生により，経営者はより多くのストレスに晒されることになる。例えば，コロナ禍の経営者の健康問題に関するいくつかの研究では，孤独や経営破綻リスクのストレスが経営者のバーンアウトリスクを上昇させていること（Torrès, Benzari, Fisch, Mukerjee, Swalhi and Thurik, 2022），労働時間の減少にもかかわらず，多くの経営者に体調や気力に悪化の傾向が見られること（堀越，2022）などが明らかにされている。他方で，コロナ禍で企業の財務状況に与えるネガティブな影響は大きいものの「なんとかなるだろう」といったポジティブな想いを抱く経営者が多いといった，関，河合 及び 中道（2020）の指摘もなされている。

（3）既存研究の残された課題

既存研究では，中小企業の場合，BCPなどの組織的対応が進まず，重大なインシデント対応は経営者のリーダーシップに頼ることになるが，そうした状況下では，経営者の健康や想いといった個人的な属性が，事業継続に影響を及ぼすことが指摘される。ところが，こうした既存研究の成果は，それぞれ別の分野で論じられている。人の命と健康を脅かすコロナ禍にあっては，両者を関連付けながら，企業の事業継続（Business Continuity）を論じることが必要と思われる。

3．研究の対象と方法

　研究の対象は，東京中小企業家同友会など11都道府県の中小企業団体の会員中小企業291社で，データは，2021年10月10日〜同年11月8日にかけて，WEBアンケート調査を通じて入手された。なお，回答者の大半は，経営者年齢の比較的若い男性で，従業員規模30人以下の中小企業であった。おって，設問数は，企業の基本情報のほか，BCP，企業業績や経営者の健康など全59問（枝問を含め112問）である。また，研究の方法であるが，入手したデータのうち，本論文の目的に合致し，かつ，天井効果（床効果）及び多重共線性の認められない11問の回答結果をもとに，統計分析ソフト「College Analysis」を用いて，多値ロジスティクス回帰分析を行った。なお，従属変数は，経営者の事業継続意欲（モチベーション）（「高まった」，「変わらない」，「低下した」を選択肢とする順序尺度で，値が小さいほどポジティブな状態にある），また，独立変数は，いずれも順序尺度もしくは名義尺度（値が小さいほど事業継続意欲にポジティブな影響を及ぼす）で，具体的には，業績基調，従業員規模，BCP有無，代行者有無（以上，組織属性），生年，個人特性，バーンアウト，オフタイムの自律性，労働時間及び孤独（以上，経営者の個人属性）とした。

4．結果と考察

（1）結果

　まず，このモデルの実測予測R2は0.625，正解率は0.714であった。モデルの当てはまりは，比較的良好と思われる。次いで，コロナ禍で事業継続意欲が「高まった」との回答を，「変わらない」と「低下した」を足したカテゴリーで割った対数オッズについての独立変数の線形関数での推計結果は，次の通りである。つまり，事業継続意欲にポジティブな影響を及ぼす独立変数は，個人特性（B=-0.523, P<0.001）と労働時間（B=-0.266, P<0.05）であった。第三に，「高まった」と「変わらない」を足したカテゴリーを「低下した」で割った対数オッズについての独立変数の線形関数での推計結果を見ると，事業継続意欲にネガティブな影響を及ぼす独立変数は，バーンアウト（B=－1.081, P<0.01）と業績基調（B=－0.711, P<0.05）であった。第四に，業績基調を除く三つの組織属性（従業員規模，BCP

有無及び代行者有無）と，経営者の三つの個人属性（生年，オフタイムの自律性及び孤独）は，いずれも有意な値ではなかった。

（2）考察

個人特性は，値が小さいほど，コロナ禍以来の自身の自己効力感が高い状態を，労働時間は値が小さいほど減少する傾向を，それぞれ示している。また，バーンアウトは，値が小さいほど，心身の不調による仕事への意欲が低下する傾向が少ないことを示し，業績基調は，値が小さいほど好調である。つまり，労働時間が短く自己効力感が高い経営者であるほど，事業継続意欲は高まる傾向にあり，他方で，業績不振でバーンアウトのリスクが高い経営者ほど，事業継続意欲は低下する傾向にある。自己効力感に関しては関ほか（2020），事業継続意欲とバーンアウトについてはTorrès et al.（2022）の指摘と，それぞれ整合的であった。経営者の健康問題との関連では，バーンアウトのリスクが，企業の事業継続と直接的に影響することが明らかになった。以上を踏まえ，ポストコロナ時代を見据えた中小企業のBCMの実践的方法を概括的に示すと，経営者の健康を組織存続の問題と位置付け，バーンアウトへの対応などのストレスマネジメントに加え，修飾要因となりうるポジティブな個人特性の開発に努めること，となる。

5．成果と課題

本論文の成果は，コロナ禍における中小企業の事業継続の問題に関して，組織的対応と個人的属性の両面からアプローチを試みた結果，経営者の健康問題への対処の重要性と組織的なインシデント対応の限界を通じて明らかにしたことである。他方で，回答者の偏りなどの問題から，サンプリングバイアスが生じている可能性がある。より広範なデータ収集に努め，本論文の成果を検証していくことが，今後の課題となる。また，調査にご協力いただいた皆さま，貴重なご意見を下さった先生方に，心より御礼申し上げます。本論文は，JSPS科研費（課題番号21H00751並びに19K13791）及び関西大学経済・政治研究所の助成により実施した成果の一部であり，全ての誤り・不備に関する責任は筆者に帰するものであります。

地方における起業の促進策について

―兵庫県香美町・朝来市の事例を踏まえて―

〈報告要旨〉

芸術文化観光専門職大学　中村嘉雄

　戦後，高度成長の時代に中小企業が急増し，その後バブル崩壊やリーマン・ショック等を経て中小企業が減少していっている。その中，新型コロナウィルスの影響を受けて更に減少すると想定されている。特に後継者不在の企業においては，廃業を選択するケースが増えるのではないかと危惧されている。人口減少局面においては，特に地方で過疎化・高齢化の動きが加速化している。

　「大廃業時代」と言われる中，中小企業とりわけ小規模事業者がそれぞれの地域で持続して存立するためには，起業・創業（以下，「起業」という）や事業を引き継ぐ時点において企業価値を高めておく必要がある。

　中小企業の減少を食い止めるためには，起業と事業承継の2つの要素が重要であると考えられる。本稿では，そのうち起業にスポットを当て，その歴史的経緯を踏まえた上で，地方の危機的状況を脱するための施策は何かを研究する。

　そのため，兵庫県の日本海側に位置し，特に過疎化・高齢化が進む但馬地域にスポットを当て，筆者が行政から依頼を受けて調査等を行った香美町と朝来市の事例を取り上げることとした。

　人口減少局面において地方に移住者を増やすためには，収入の基礎となる雇用の機会を創出する必要があり，その1つの方法として起業の促進が考えられる。そのためには，地方自治行政と商工会・商工会議所（以下，「商工会等」という）の役割は何かを研究する。そして，それに必要な行政施策は何かを明らかにし，商工会等の起業促進策は，地方の過疎化に歯止めをかけ，地域経済の活性化に有効に機能するという仮説について検証する。

　そのなかでも本稿では，新型コロナウィルスの影響を受け，都市部から地方へ移住する動きが増えてきていることに注目すべきと考えた。

　そこで，地域総合経済団体である香美町商工会の最近5年間のデータを確認し

た。これまでは会員数が年々減少していたが，2019年を起点に会員数が増加に転じたのである。この動きに着目し，香美町で最近5年間に起業したところを対象にヒアリング調査を実施した。これにより，地方において起業者が増えることが地域経済にどのような影響をもたらすかを検討したい。

また，朝来市は，2017年に起業人財交流拠点施設「ASAGOiNG Garden KOUBA」（以下，「KOUBA」という）を開設した。その目的は，起業を促進することにより移住者が増え，地域が活性化することにある。これと香美町におけるヒアリング調査結果を比較検討することにより，但馬地域の2箇所の調査等で移住者による起業の促進が，地域活性化につながるのかについて検証したい。

そこで，佐藤（2015）は，ケーススタディ・リサーチは長く利用され続けており，現実的には重要かつ魅力的な研究手法であると述べている。また，プラグマティックな役割をもつ手法として捉え直すと，研究者の問題意識や立ち位置，研究手法に対する考え方も明確になるのではないかと指摘している。以下，本稿では，2箇所の事例から地方自治行政や商工会等の活動を踏まえ，起業における問題意識を提示し，結論を導き出したい。

香美町商工会の最近5年間のデータによると，香美町では商工会への加入者数が増えてきている。それは重要な要素であるが，どの業種が増えているのか，香美町を選択して起業した理由等を明らかにする必要がある。そして，そこから抽出された結果に基づき，町の施策へ結び付けることにより，さらに起業を増加させるための施策に展開できるのではないかと考えられる。

戦後に起業する人が多く誕生した理由は，経済成長による需要拡大で，事業機会が創出されたためである。いわば「需要」が「供給」を大きく上回った時代であり，「作れば売れる」規模の経済が働いたので，起業家として成功する確率が高かったからである

また，働く場を創出するための地場産業が，起業活動の活発化を後押ししたという背景もある。特に，製造業の分野で起業家が育った理由を考察することは，我が国の起業家主体形成の仕組を考える重要な手がかりになると思われる。戦後高度成長期に，起業家としてのノウハウを得るための教育を受ける機会，起業の学習をするための場が社会システムとして存在したのではないかと考えられる。

逆に，バブル崩壊後に「供給」が「需要」を上回る時代となり，高度経済成長期に増加した中小企業が，経営不振や後継者不足などの理由で廃業する件数が増

える中，どのような施策展開で起業を増やしていくのかが大きな課題となった。

　事例の選定に当たっては，香美町，香美町商工会の協力を得て，最近5年間に香美町内で起業した企業等10社を選定した。比較的若い世代の起業者を中心に本学（芸術文化観光専門職大学）の学生によるヒアリング調査を行った。

　その結果から，地方特有の課題をいくつか見出すことができた。まず，香美町の中でも香住区特有の課題として，「出る杭は打たれる」という移住者へのアレルギー反応が見受けられる。

　そこで，起業者を受け入れる側の町民の「起業」への考え方を確認するため，町民を対象としたアンケート調査を行った（無作為抽出による500人を対象，回答者143人）。

　町民アンケート調査の結果から，図1に示すように起業が増えることには対しては，67.8％と最も高い評価が得られたのに対し，地域に移住者が増えることについては，5段階評価の中間の3という評価が52％と最も高い結果となった。このことから，一般論として起業は受け入れられるものの，自分の近くに地域外の人たちが移住してくることに若干の抵抗感があることがうかがえた。

　一方で，起業に期待することとして，約半数の方が「町の活性化」と回答しており，次いで「雇用の創出」が約3割で合計すると約8割に達している。町民の起業に対する期待が大きいことがうかがえた。

　また，起業に至らない問題点としては，図4に示すように自己資金不足が60.4％と最も多く，次いで経営ノウハウ不足が50.5％と続いている。自由記述にも「起業・創業に関するセミナー」や「役場・市役所に起業，創業のスタッフの充実」という希望があげられていた。このことから，商工会等や金融機関の役割が大きいことがうかがえる。

　地方においては，競合他社が少ない競争優位な状況（先行者利益を得やすい環境）にあることや地域資源が豊富なこと，土地の値段が都市部よりも安いことなどから新しい事業を始めるのにふさわしい環境にあると言える。新型コロナウイルスの影響を受け，人の少ない海沿いの素晴らしい景色や空気がきれいなところで開業するには，とても良い環境であることから，むしろピンチをチャンスに変えて，ベンチャーブームが沸き起こることが期待される。

　そこで地方において，起業を促進するために必要なことは，経営の原点でもある「ヒト，モノ，カネ」であることがわかった。

　まず1点目の「ヒト」は，地方で起業を促進するために最も重要なことは，経営のノウハウを気軽に相談できる体制づくりである。そして，よそ者を受け入れる風土をつくるために住民意識を変えることである。昔から地域を守り続けてきた住民と移住・起業する人たちを繋ぐまとめ役（核）を商工会等が担い，地元自治行政をはじめ地域住民が全面的にバックアップ（補助金の捻出，施設整備，出資等）することである。商工会等は，地域密着型の経営支援を行っている公的支援機関であるため，起業者や地域住民双方からの信用創造に重要役割を果たすことが期待されるという結論に達した。そこに行政との連携が不可欠なのである。商工会等に「起業コンシェルジュ」としての役割を担ってもらう人を新たに配置し，ワンストップで起業しやすい環境をつくり，企業価値を向上させるためのバックアップ体制を構築することが可能となる。

　2点目の「モノ」は，地方で新産業を創出するためには，実験的に起業する場（拠点）を安く提供するための環境づくりが必要である。ここでも地域総合経済団体である商工会等の役割が非常に重要である。

　3点目の「カネ」は，ヒアリング調査の結果で多かった創業に必要となる資金調達を可能とする施策としてベンチャー基金の創設である。他に無い新技術や新サービスを地方で展開するベンチャー企業を後押しする資金を投資する原資として，地方自治行政・商工会等・金融機関等が連携し，新たな「地方版ベンチャー基金」を創設するのである。

　そして，経営に関する知識の少ない人による起業を持続・継続するためには，起業後に企業価値を向上させていく必要があり，商工会等の伴走型支援が重要であることがわかった。創業後「5年の壁」といわれる融資の据え置き期間が終了し返済が始まっても倒産することがないよう支援する体制づくりが必要である。

　現在の商工会等には，起業によって競合他社が増えるため，既存の会員企業にとって不利益になると主張するところも存在するが，2014年に制定された産業競争力強化法に基づき，地方自治行政と商工会等が連携して起業を促進すべきである。「ヒト・モノ・カネ」を実現することにより，中小企業が地域に継続して存立し，地域経済が活性化するのである。

　本研究の意義としては，起業を円滑に進める上で地方特有の課題が弊害となり進んでいない実態をケーススタディ・リサーチの手法で明らかにした点である。

日本の「中小企業研究」と「日本の中小企業」研究
—経営学領域からみた日本における中小企業研究のアイデンティティとその展望—

〈報告要旨〉

同志社大学　関　智宏

　本稿は，日本における中小企業研究の特徴を本質的側面と現象的側面の2つの観点から，「中小企業研究とは何か」を筆者なりに整理し，とくに経営学領域の国内外の諸研究を題材にその特徴をまとめるとともに，日本の中小企業研究の展望を示すことを目的とする。ここで言う本質的側面とは，日本において展開されてきた「中小企業とは何か」をめぐる「中小企業研究」のことを意味する。また現象的側面とは，「日本の中小企業」を対象としたさまざまな学術領域（本稿では経営学領域に限定する）における諸研究のことを意味する。

　中小企業とは，大企業ではない企業の総称である。中小企業は，たんに大企業と比べて規模が相対的に小さいということだけではない。大企業を規模的に小さくした企業が中小企業ではないように，中小企業は大企業と比較するとさまざまな相違がある。それと同時に，中小企業が「異質多元的」と言われるように（山中, 1948），中小企業のなかにも相違がある（関, 2022）。さらに日本だけならず世界で中小企業が着目されるに足る理由がある。その1つは，中小企業には大企業が直面しないような中小企業に特有の「問題」ないし課題があるためである。もう1つは，中小企業には重要な側面があるためである。これには，一国の全企業に占める中小企業の数が大企業と比べると圧倒的に多いという量的な重要性と，中小企業が経済社会において雇用の創出や地域経済の発展などといった役割を果たしているという質的な重要性が含まれる。

　そのような多面的な中小企業をめぐる研究が中小企業研究である。それでは，日本で展開されてきた中小企業研究は，どのような研究であるのか。日本では，中小企業の現象を捉る兆候が強いとの指摘もあるが（出家, 2019），中小企業を研

究対象としてとりあげれば，それが中小企業研究となるのであろうか。そうでないとすれば，どのような研究が中小企業研究であるのか。近年，日本中小企業学会でかつて会長を務めた三井は，「なぜ中小企業を論じるか」という点を中小企業研究の原点的な問題意識としながら，「21世紀においては中小企業研究が世界的にいっそう活発となっており，関心や対象，議論の位置づけ等が細分化し，詳細な研究や政策評価などがはかられる一方，そもそも『なぜ中小企業を論じるのか』という原点的な問題意識が曖昧になっている感も拭えない」と警鐘を鳴らしている（三井，2021，p.13）。本稿では，このような警鐘がなされたことを受け，日本において展開されてきた中小企業研究がはたしてどのような研究であるのかといった日本における中小企業研究のアイデンティティを，先行研究を手掛かりに筆者なりに導き出し，日本における中小企業研究の展望を示すものである。

　なお本稿では，中小企業研究がどういう研究であるのかを検討するにあたり，学術領域のなかでも，とくに経営学領域の国内外の諸研究に焦点を当てる。この理由は，筆者が経営学をおもな専門領域としているからというわけではなく，学術領域を限定することで議論の射程を明確にするためであり，さらには，多くが大企業を研究対象とする経営学でなぜ中小企業をとりあげるのか，という筆者の問題関心に関連している。さらに日本では，「大企業良し・中小企業悪し」という対立構図が社会通念として形成されており，中小企業に対して差別的な見解が少なからずあり，また中小企業の社会的地位は必ずしも高いとは言えない。これらを踏まえ，経営学領域で中小企業を研究対象とすることの学術的かつ実践的な意義についても合わせて指摘しておきたい。

　中小企業研究がどういう研究であるのかを導くにあたり，先行研究の考察を踏まえた中小企業研究の展望や，さらには経営学領域で中小企業を研究対象とすることの学術的かつ実践的な意義を筆者なりに整理すると次のようになる。第1に，「パラダイム転換」後の中小企業を前提に，中小企業の本質ないし本質的側面を追求していくという展望である。学際的な理論ないし理論的アプローチをもちいて，いくつかの本質的側面のなかでもとりわけ貢献性を理論的に解明していくことが求められる。筆者は，中小企業の1つの本質的側面である貢献性を解明する1つの方向性として，「中小企業らしさ」の解明というアプローチを提唱したい（関，2022）。「中小企業らしさ」は，中小企業により強く表出される現象であり，それにはたとえば，「縁の下の力持ち」，「仲が良い」あるいは「社長，社

員同士の距離が近い」，「地域に密着，根づいている」，「仕事を任され自身の成長につながる」，などといった諸点が含まれる。このような中小企業が果たす貢献性を理論的に解明していくことは，中小企業の多様な貢献の有様を学術的に解明することにつながり，結果として，中小企業の社会的地位の向上につながると期待される。

　第2に，中小企業の現象ないし現象的側面を追求していくという展望である。これには2つの期待される側面がある。1つに，個々の中小企業の「問題」の解明と解決につながるという研究が期待される。これによって，中小企業の経営実践や政策形成に貢献していくことにつながる。さらに，もう1つに，日本の中小企業のケース研究である。日本の中小企業の多様なケースは，国際的にみて経営理論，経営学界に貢献する可能性が高いゆえに，既存理論（経営理論など）の修正・拡張など理論の発展につながる研究が期待される。西洋で構築された「理論」でなく，東洋のコンテクストを踏まえた新しい概念と理論が求められるとの指摘もある（Barkema et al., 2015）。とくにアジア，とりわけ日本発の理論創造の可能性がある。これは，京都の老舗中小企業（Sasaki et al., 2019）や東京の江戸前鮨（小企業）（Yamauchi and Hiramoto, 2016）をとりあげた研究が国際ジャーナルで発表されていることからも，その傾向がより高まっていると言える。

　第3に，中小企業研究とはどういう研究であるのか，すなわち中小企業研究のアイデンティティについてである。中小企業の本質（的側面）と現象（的側面）のそれぞれを追求していくことは日本の中小企業研究の特徴であるが，本質（的側面）と現象（的側面）はそもそもコインの裏と表と同じであるがゆえに，本質（的側面）と現象（的側面）は一体として追及すべきものである。すなわち，日本の中小企業をめぐる本質（的側面）と現象（的側面）を両輪として同時に追求していく研究を推進させていくことこそが，日本の中小企業研究のアイデンティティであると言える。三井が指摘した「なぜ中小企業を論じるのか」に対する筆者なりの「答え」を簡潔に述べるとすると，その「答え」は，「中小企業は実践上かつ学術上それぞれに重要な存在であるから」である。われら中小企業に関心をもつ研究者が，日本における中小企業研究のアイデンティティをより認識し合い，日本の中小企業のための諸研究を中小企業とともに展開させていくことが，日本における中小企業研究の展望となろう。

付記

　本稿は，日本中小企業学会第42回全国大会自由論題にて筆者が報告した内容の抄訳である。筆者の報告に対して討論者の立場から貴重なコメントを頂戴した大前智文先生（駒澤大学）をはじめ，フロアから質問をいただいた三井逸友先生（横浜国立大学）および黒瀬直宏先生（アジア中小企業協力機構）にはこの場をお借りし，感謝申し上げたい。本稿は，紙幅上の理由から本誌へのフルペーパーでの投稿を断念したが，その全体は拙稿（2022年）「日本の「中小企業研究」と「日本の中小企業」研究―経営学領域からみた日本における中小企業研究のアイデンティティとその展望―」同志社大学商学会『同志社商学』第74巻第2号（同志社大学商学部100周年記念論文集），pp.251-269として掲載されている。

〈参考文献〉
1　Barkema et al.（2015）"West meets east: New concepts and theories," *Academy of Management Journal*, 58(2), pp.460-479.
2　出家健治（2019年）「中小企業の研究対象と研究方法ならびに問題意識と問題視角について―中小企業の理論体系化の喪失と研究の流れ星化―」『福岡大学商学論集』第63巻第3・4号, pp.393-433。
3　三井逸友（2021年）「『世界の中の日本中小企業』（研究）の半世紀を考える」日本中小企業学会編『中小企業研究の継承と発展―日本中小企業学会40年間の軌跡―』同友館, pp.3-16。
4　Sasaki, I., Ravasi, D., and Mocelotta, E.（2019）"Family firms as institutions: Cultural reproduction and status Maintenance among multi-centenary Shinise in Kyoto," *Organization Studies*, 40(6), pp.793-831.
5　関智宏（2022年）「国際的見地からみた「中小企業とは何か」とは何か―「大」との差異か，その異質性か―」関智宏編著『中小企業研究の新地平―中小企業の理論・経営・政策の有機的展開―』同友館, pp.26-55。
6　山中篤太郎（1948年）『中小工業の本質と展開―国民経済構造矛盾の一研究―』有斐閣。
7　Yamauchi, Y. and Hiramoto, T.（2016）"Reflexivity of routines: An ethnomethodological investigation of initial service encounters at sushi bars in Tokyo," *Organization Studies*, 37(10), pp.1473-1499.

小型衛星開発による地域経済活性化の可能性
—福井と九州の事例から—

〈報告要旨〉

日本政策金融公庫総合研究所　松井雄史

1．問題意識

　世界の航空宇宙産業は，中長期的に成長を続けている。日本では2000年以降，地域経済活性化の手段として航空宇宙産業への参入を図る地方自治体や公的支援機関がみられる。しかし，中小企業が実際に参入した例は多くないと思われる。

　こうした航空宇宙産業のなかで急成長しているのが，小型衛星の開発・製造である。背景には，複数の人工衛星を一体的に運用し，データの収集・利用や通信を行うコンステレーションビジネスへの期待がある。日本でも同ビジネスに参入するベンチャーや小型衛星の製造・開発に取り組む中小企業がみられる。

　産業としての小型衛星の開発・製造は，市場規模はまだ小さいが，今後増える可能性があること，部品の安全性を保証する認証取得が必要ないことなど，従来の航空宇宙産業とは異なる特徴をもつ。そこで本稿では小型衛星産業に着目し，同産業による地域経済活性化の可能性を，航空機産業と比較しつつ，考察する。

2．先行研究と研究の視点

　小型衛星産業だけではなく，航空宇宙産業のなかでもロケットや人工衛星の製造など宇宙産業と地域経済に関する先行研究はない。ここでは，航空機産業の経済効果や地域経済との関係を論じたものをレビューする。

　日本航空宇宙工業会（2000）は，航空機産業の経済波及効果を，当該産業の活動がその産業の産業活動を誘発する産業波及効果と，当該産業で生み出された技

表　事例企業の概要

	企業名	事業内容	従業者数	人工衛星製造の取り組み内容
福井県の事例	A社	電子部品，産業用機械の製造	44人	バス部の設計
	B社	産業用機械の設計，製造	137人	バス部の筐体の製造
九州の事例 （C社のプロジェクト）	D社	ばねの製造	11人	アンテナ用のばねの開発
	E社	電子機器の設計・製造	76人	電源と制御システムの開発

出所：ヒアリングをもとに筆者作成

　術がほかの産業の活性化を誘発する技術波及効果に分け，自動車産業と比較している。これによると，1970年から1998年の航空機産業の産業波及効果は12兆円兆円と，自動車産業の872兆円のわずか1.4％でしかない。しかし，航空機産業の技術波及効果は103兆円と，自動車産業の34兆円の約3倍に上るとしている。

　山本（2011）は日本航空宇宙工業会（2000）の試算に対し，地域企業や自治体にとって，航空機産業への新規参入の魅力は，航空機産業に従事することから得られる技術の向上であることが明らかであると指摘している。

　日本政策投資銀行・日本経済研究所（2016）は，産業波及効果が少ない理由について，航空機は少量生産であること，厳しい品質保証が要求されることなどが考えられるとしている。また，日本政策金融公庫総合研究所（2011）は，中小企業が航空機部品の製造に参入するにはハードルが高いとし，七つの参入障壁を挙げる。こうした参入障壁の高さも産業波及効果が小さくなる要因と考えられる。

　先行研究によると，航空機産業は地域経済への波及効果，特に技術波及効果が認められ，中小企業にとっては参入によって技術力の向上が期待できる。ただし，航空機産業は参入障壁が高く，恩恵を得られる中小企業は少数に限られるという問題がある。そこで，本稿では主に参入の難易と参入による技術力の向上に着目し，小型衛星産業による地域経済の活性化について考察する。

3．事例研究

　事例は，筆者が2020年から2021年にかけてヒアリングを行った小型衛星部品の開発・製造に参入した中小企業のうち，福井と九州の事例を取り上げる（表）。A社とB社は福井県のプロジェクト，D社とE社はコンステレーションビジネスに参入したC社のプロジェクトのメンバーとして小型衛星部品に携わっている。

4．小型衛星部品の開発・製造と地域経済との関係

　小型衛星の製造・開発による地域への経済効果は，現状ではごく小さいと考えられる。国内の衛星製造の市場規模は，従来の大型衛星を含めて2,000億～3,000億円とみられ，航空機産業の約3兆円と比べて小さい[注1]からである。事例企業をみても，小型衛星部品の開発・製造は生産数量が少ないため，現時点でもうかるビジネスになっているとは言い難い。また，部品点数が少なく，産業の裾野は航空機産業よりも狭いと考えられる。

　ただし，参入障壁は航空機産業に比べてかなり低い。日本政策金融公庫総合研究所（2011）は，航空機産業は巨大な完成機メーカーを頂点とする重層的なピラミッド構造によって生産体制が構築されているとする。航空機部品の製造に参入するには，航空機業界の品質マネジメントシステムの認証取得などが必要であると指摘する。航空機部品は点数が多く，さまざまな業種の企業に参入のチャンスはあるものの，新規参入を果たすのは容易ではない。これに対し，小型衛星産業の歴史は浅く，サプライチェーンは確立されていない。小型衛星の部品には国際規格もなく，独特の業界慣行もない。

　また，小型衛星部品のサプライヤーに求められるのは小型化・軽量化と低価格化である。コンステレーションビジネスでは多くの小型衛星を運用するため，1機当たりの開発・製造コストや打ち上げコストをできるだけ小さくする必要がある。部品の小型・軽量化や低価格は，これまでも中小企業が取り組んできたことである。衛星部品製造に携わったことがない企業でも，すでにある技術・ノウハウと設備を活用することで，小型衛星産業に参入することは十分に可能である。

　小型衛星産業の技術波及効果を把握することは難しいが，市場規模が小さいことから，やはり航空機産業より小さいと思われる。ただし，参入した中小企業の技術力が向上するという効果は認められる。航空機部品のような国際規格や厳しい安全基準はないが，小型衛星の部品に高い信頼性や耐久性が求められるのは航空機部品と変わらないからである。

　小型衛星の開発・製造への参入が新規取引につながった企業もある。宇宙ビジネスは注目度が高く，マスコミで取り上げられやすい。自社のホームページで宇宙ビジネスのことを発信すれば技術力のアピールになる。その結果，報道記事やホームページを見て新たな仕事の引き合いがあった企業は少なくない。

　一方で，小型衛星産業で地域経済の活性化を図るとき，今後課題となってくると考えられるのは，小型衛星が取得したデータの利用方法を考案することである。良い利用方法を考案すれば，データの利用だけではなく，小型衛星製造の需要も増える。つくるだけではなく，利用方法まで考える必要があるというのは航空機産業による地域活性化にはない特徴といえよう。

　衛星データの活用は，官公庁や農業や漁業だけではなく，建設，観光，資源開発など幅広い産業で考えられる。また，衛星データを企業や消費者が利用しやすくするにはソフトウエアやAI（人工知能）の技術が必要である。小型衛星産業で地域経済を活性化しようとするなら，自治体は製造業だけではなく，さまざまな業種の企業に参加を求める必要があるだろう。

5．研究の結論

　小型衛星産業による地域経済の活性化は，現状では航空機産業には及ばないものの，地域中小企業の技術力向上など，一定の効果が期待できる。比較的参入が容易であること，今後の成長が期待されること，話題性があることを考えると，地域として取り組むに値すると思われる。

〈注〉
1　経済産業省「宇宙開発を巡る産業の動向について（2022年7月22日）」https://www.meti.go.jp/statistics/toppage/report/minikaisetsu/hitokoto_kako/20220722hitokoto.html（閲覧日：2022年8月22日）。

(参考文献)
1　日本航空宇宙工業会（2000年）「2000年度産業連関表を利用した航空機関連技術の波及効果定量化に関する調査」
2　日本政策金融公庫総合研究所（2011年）「航空機産業における部品供給構造と参入環境の実態〜機体・エンジンから個別部品分野に至るサプライヤーの実像〜」『日本公庫総研レポート』No.2010-3
3　日本政策投資銀行・日本経済研究所（2016年）「本邦航空機産業の過去・現在・未来〜航空機産業の最前線と当行の取り組み〜」（2016年7月）
4　山本匡毅（2011年）「日本における航空機産業の動向と新規参入に向けた展開—地域レベルでの動きを中心として—」一般財団法人機械振興協会経済研究所『機械経済研究』No.42，2011年3月，pp.43-57

中小企業のデジタルトランスフォーメーション推進
〈報告要旨〉

商工総合研究所　江口政宏

はじめに

　デジタルトランスフォーメーション（以下 DX と略）では企業組織におけるデジタル化の程度がその成否に影響する。一方で組織形態や意思決定構造は企業規模が小さいほど簡素であることから，中小企業では大企業ほどデジタル化に依存する必要性は高くない。

　従って大企業と中小企業の DX の進め方が同一である必要はなく，中小企業は自社のデジタル化と組織の状況に合わせた DX を追求することが効率的である。本稿では中小企業が必要最低限の投資で，中小企業ならではのメリットを生かしつつ，効率的に DX を推進するためにはどうすべきかを事例を基に考察する。

1．DX推進の手順

　デジタルトランスフォーメーションの加速に向けた研究会（2020）「DX レポート 2」によると，DX は超短期（直ちに），短期，中長期の 3 つの時間軸に分けて示される。超短期では市販製品・サービスの活用による迅速なデジタル化対応と認知・理解を求めている。短期では DX 推進体制整備，DX 戦略策定，DX 推進状況把握を，中長期ではデジタルプラットフォーム形成，産業変革のさらなる加速，DX 人材確保が求められる。DX 人材確保は中長期的取組となる。デジタルプラットフォームの形成は既存システムの導入も有力な選択肢となる。

　デジタル化していない企業の場合，まず①装備可能なデジタルインフラ（パッケージソフト等市販製品・サービスを想定）導入によるデジタル化（超短期）→

②体制整備や戦略策定，PDCAサイクルの確立（短期）→③本格的なDXに入り，併せて人材確保も進めていく（中長期）というプロセスが望ましい。なお，①は全社的なデジタル化を想定している。

2．中小企業のデジタル化の状況とDX推進で注意すべきこと

　既存研究から中小企業のデジタル化の状況を大企業との比較でみると，一つには中小企業と大企業とでデジタル化の実施状況には差があるが，実施企業に限って比較すればデジタル化の段階の規模別の差は小さいことがある。二つめとして，全体としてDX水準に達している企業が少ないなかで，中小企業では創造・革新的な段階に至る割合が大企業をやや上回っていることがある。三つめとして，大企業は相対的にデジタル化の実施度合いが高いが中小企業と比べそれほどデータの共有化，全社的利用が進んでいないことがある。四つめとして中小企業ではカスタマイズ化された開発ソフトウェアが広範に用いられていることがある。

　以上を踏まえ，中小企業がDX推進で注意すべきことを考えると，第一に，デジタル人材の確保が十分でない状況を前提としたDXを推進を意識する必要がある。そこでは経営者の関与とITベンダー等，外部業者との関係性が重要となる。第二に，既存のカスタマイズ化されたシステムが併存する場合を考慮する必要がある。カスタマイズ化された基幹システム等が既に機能している場合，新たな全社的システムにそれを接続することを志向する場合もありうる。

3．事例検証

事例1　（株）かね徳

　DX推進の契機は，コロナ禍で社員の出勤が制限されたことを機にミーティング（MG）のオンライン化とMGに参加できないメンバーの意思伝達における「伝言ゲーム」排除を目指したことにある。オンラインMGシステム，クラウドストレージ，ビジネスチャット用ツールを組み合わせることで，体制構築に結び付けた。新規のシステム開発は行わず，既成のツールをMG用途に活用した。推進にあたり，まずシステムへの造詣が深い社長がTeamsを在宅勤務で活用した。実践を通じオンラインMGのやり方，連絡方法，情報共有方法を模索し，社内チー

ムも加わり3ヵ月程度でルール化した。コミュニケーションツールがTeams，電子メール，Slack，電話と併存するため使い分けを明確化した。

効果は①コミュニケーション量増加，②情報・意志の伝達経路簡素化，③仕事の進め方の変化，④潜在的ステークホルダーへの意識：複数部署とのMGで背後の関係者（相手部署の背後の顧客の存在等）配慮，の4点である。

事例2　（有）川田製作所

金型部門を持つ金属プレス加工業者で多品種小ロット需要が多いため，業容拡大のためには業務や生産管理の効率化，技能の標準化，技能継承が必要と考え，業務のデジタル化によりその達成を目指した。

サーバーの負担軽減とソフトウェア開発負担を考慮し，既存のクラウドサービス（SaaS）を利用した。業務を9つの用途に分割し，業務分野毎に最適と考えられるクラウドサービスを採用，それぞれが有機的に連携できるようにした。

豊富なSE経験を有する社長がクラウドサービス選定を主導した。クラウドサービス同士の接続は提供業者から十分な情報・サービスが得られず選定には注意を払った。全社員に専用PCもしくはiPadを支給し，9用途に接続可能とした。

効果としては①バックオフィス業務の効率化，②書類の電子保管・ペーパーレス化，③成果の見える化，④能動的な業務改善（これまでトップダウン型であったがボトムアップ型との双方向型に変化し改善提案も増加）が挙げられる。

事例3　（株）ミトリ

システム開発業者視点の事例。中小企業のシステム開発ニーズは基幹系システムを手掛けた後，情報量の増加に伴って情報系システムに展開するパターンが多い。中小企業が自前でシステム開発を行うことは現実的でなく，外部からサポートが必要。この点にシステム開発業者の存在価値はあると考える。

システム開発においては要件定義を明確にすることが重要だが，それが出来る中小企業はごく少数である。このため業務アプリケーション開発の要件定義はシステム開発業者主導で行い，開発契約のなかで要件定義フェーズは独立した期間契約とすることが重要である。システム保守は開発後に保守契約を締結するが，クライアントが独自にシステム内容を変更した場合の保守は調査に膨大な手間を要し，エラーの原因が究明できない場合もあることから行わない。

中小企業はシステム開発・保守コストを必要な経常コストとして意識すべきである。システムトラブルが発生しない状態が続くときメンテナンス費用を無駄な

支出と考えがちであるが，そうした発想は改めるべきである。

　クラウドサービスは高度なシステム機能を低料金で利用できる。中小企業の利用が進んでいるとはいえないものの，そのメリットは大きい。システム標準化の進展とともに中小企業のデジタル連携サービスの需要増加が見込まれる。

4．事例から得られるインプリケーション

4.1　人材の確保が十分でない状況での超短期・短期の対応

　時間をかけないプロセスであり，経営資源に負担がかからないことが望ましい。（イ）市販システムの利用を積極的に行うことに加え，（ロ）クラウドサービスの積極的利用，（ハ）DXのビジョンの絞り込みが有効である。

4.2　中小企業の経営者に求められるもの

　経営者（事例は経営トップ）のリーダーシップはDXへの推進力となる。事例１，２ではデジタルツールを使って何をするかという経営戦略・ビジョンが経営者により明確に示された。前者ではオンラインMGの運用体制確立を，後者では複数のクラウドサービスを組み合わせた事業効率化を経営者が主導した。

4.3　経営者がITに詳しくない場合や既存の基幹システムが存在する場合～ITベンダーとの連携

　事例１，２は経営者のITへの関心やリテラシーが高く自社のデジタル化の推進力となったが，中小企業では例外的な存在であろう。むしろ経営者のITへの関心・リテラシーが高くない場合が一般的であろう。

　この場合，中小企業が独力でデジタル化やDXを進めることは困難であり，ITベンダーが果たす役割は大きい。システム構築にあたり委託企業の要件定義は重要だが，システム開発業者主導の要件定義が普及すれば，中小企業でデジタル化とそれに続くDXの実現が期待できる。中小企業には信頼できるITベンダーの確保，要件定義から開発に至るプロセスを疎かにしない姿勢，及びデジタル投資はメンテナンスにコストがかかることへの認識が求められる。ITベンダーには企業が具体化できないニーズを根気強く探り出し要件定義に反映させ，要件定義の「丸投げ」をさせない姿勢が必要となる。中小企業とITベンダー双方の取組により信頼関係を高めることがデジタル化からDX推進に至る息の長い協力関係をもたらし，経営資源の乏しい中小企業でのDX活発化につながる。

編 集 後 記

『コロナ禍と中小企業研究―学際領域としての中小企業研究の再考―』（日本中小企業学会論集第42号）は，2022年9月24日（土），25日（日）の2日間にわたって東洋大学（白山キャンパス）で開催された第42回日本中小企業学会全国大会の報告論集である。

今大会では，コロナ禍の影響が色濃く残るなか，オンラインと対面の両方の様式を用いたハイブリッド形式で開催された。したがって，双方の様式に対応しなければならなかったプログラム委員長，大会準備委員長，事務局長のご負担はかなり大きかったものと推測される。改めてご担当を頂いた方々に感謝を申し上げたい。

さて，本大会では，学際領域としての中小企業研究を主題とした統一論題4本のほか，企業家/起業家，事業継続，中小企業支援，中小企業研究，地域と中小企業，経営資源と差別化の6つの分科会において14本の自由論題が報告され，活発に議論が行われた。そのうち，本論集では，統一論題4本に加え，自由論題の査読を受理された9本の論文と報告要旨5本が掲載されている。

先ずは，今回の編集作業を進めるにあたり，討論者や査読を引き受けて下さった会員諸氏には多大なご協力を賜った。また，このような編集作業は，作業に深く携わって頂いた長谷川英伸編集担当幹事，平野哲也編集事務担当幹事のご尽力が無ければ実現できなかった。この場をお借りして謝辞を述べたい。ちなみに，編集作業に先立つ2022年11月には，中小企業学会役員が改選され，論集編集委員ならびに論集編集担当も大幅に変更された。不慣れな編集作業を通じて対応が十分ではないことも多々あったと心配しているが，会員諸氏のご理解とご協力のもとに編集作業を無事に終えることができた。心からお礼を申し上げる。また，郵送物の遅延を避けるためのペーパーレス化の徹底など編集作業を通じて実感した改善点はしっかりと引き継ぎたいと考えている。

2023年5月

論集編集委員長　藤川　健

2023年7月30日　発行

コロナ禍と中小企業研究
―学際領域としての中小企業研究の再考―

〈日本中小企業学会論集㊷〉

編　者 ©　日本中小企業学会
発行者　　脇　坂　康　弘

〒113-0033　東京都文京区本郷3-38-1
TEL.03(3813)3966
FAX.03(3818)2774
https://www.doyukan.co.jp/

発行所　株式会社 同友館

落丁・乱丁本はお取り替えいたします。　　印刷：一誠堂　製本：松村製本
ISBN 978-4-496-05660-4　　　　　　　　Printed in Japan